suhrkamp taschenbuch
wissenschaft 110

Die unbestreitbaren Schwierigkeiten und Rätsel, die Hegel seinen Rezipienten aufgibt, werden von Adorno nicht im Sinne klassifikatorischer Zuordnung und vorschneller Identifizierungen aufgelöst – sie werden zuallererst einmal benannt und damit zu Bewußtsein gebracht. Freilich zeigen Adornos Analysen auch, daß der Leser nicht vor Hegel kapitulieren muß. Adornos Empfehlung an den Hegelleser lautet: »Der war nie der schlechteste Leser, welcher das Buch mit despektierlichen Randglossen versah.«

Theodor W. Adorno
Drei Studien zu Hegel

Suhrkamp

CIP-Kurztitelaufnahme der Deutschen Bibliothek
Adorno, Theodor W.:
Drei Studien zu Hegel / Theodor W. Adorno. –
1. Aufl. – Frankfurt am Main: Suhrkamp, 1974.
(Suhrkamp-Taschenbuch Wissenschaft, 110)
ISBN 3-518-27710-3
NE: Adorno, Theodor W.: [Sammlung]; GT

suhrkamp taschenbuch wissenschaft 110
Erste Auflage 1974
© Suhrkamp Verlag Frankfurt am Main 1963,
1971
Suhrkamp Taschenbuch Verlag
Alle Rechte vorbehalten, insbesondere das des
öffentlichen Vortrags, der Übertragung durch
Rundfunk und Fernsehen sowie der Übersetzung,
auch einzelner Teile.
Druck: Nomos Verlagsgesellschaft, Baden-Baden
Printed in Germany
Umschlag nach Entwürfen von
Willy Fleckhaus und Rolf Staudt

3 4 5 6 7 8 – 92 91 90 89 88 87

Inhalt

Aspekte	9
Erfahrungsgehalt	53
Skoteinos oder Wie zu lesen sei	84
Nachweise	134

Karl-Heinz Haag gewidmet

Als eine neue Auflage der ›Aspekte der Hegelschen Philosophie‹ fällig wurde, wollte der Autor die Schrift durch die Abhandlung über den Hegelschen Erfahrungsgehalt ergänzen, die er mittlerweile publiziert hatte. Darüber hinauszugehen bewog ihn die Analogie zum Spruch Tres homines faciunt collegium: drei Abhandlungen machen ein sei's auch kurzes Buch. Er hat also, einem längst gehegten Plan gemäß, Erwägungen über Fragen des Hegelverständnisses niedergelegt. Sie gehen auf die Arbeit im Frankfurter Philosophischen Seminar der Universität zurück. Seit langen Jahren beschäftigen sich dort Max Horkheimer und der Autor vielfach mit Hegel; anzuknüpfen war an das im Unterricht Beobachtete. Angesichts der Einheit des philosophischen Denkens der beiden für die einschlägigen Interpretationen Verantwortlichen konnte auf einzelne Hinweise verzichtet werden.

Um Enttäuschungen vorzubeugen, sei betont, daß ›Skoteinos‹ nicht etwa beansprucht, die ausstehende Aufhellung der Hegelschen Haupttexte selbst zu leisten. Formuliert sind lediglich prinzipielle Überlegungen zu der Aufgabe; allenfalls wird geraten, wie zum Verständnis zu gelangen sei, ohne daß irgendeiner von der Anstrengung dispensiert wäre, jene Überlegungen an den Texten zu konkretisieren. Nicht um Erleichterung der Lektüre geht es, sondern darum, zu verhindern, daß die außerordentliche Mühe vertan werde, die Hegel nach wie vor zumutet. Auf Anweisungen, wie er zu lesen sei, wäre zu übertragen, woran er die Erkenntnistheorie erinnert: sie könnten nur im Vollzug der durchgeführten Einzelinterpretation glücken. Die Grenzen einer Propädeutik, die der Autor sich setzen mußte, wären dadurch überschritten worden. Daß er dort aufhörte, wo erst zu beginnen wäre, mag manche der offenbaren Unzulänglichkeiten entschuldigen, die ihn verdrießen.

Absicht des Ganzen ist die Vorbereitung eines veränderten Begriffs von Dialektik.

Frankfurt, Sommer 1963

Aspekte

Ein chronologischer Anlaß wie der hundertfünfundzwanzigste Todestag Hegels hätte zu dem verführen können, was man Würdigung nennt. Aber deren Begriff, wenn er überhaupt je etwas taugte, ist unerträglich geworden. Er meldet den unverschämten Anspruch an, daß, wer das fragwürdige Glück besitzt, später zu leben, und wer von Berufs wegen mit dem befaßt ist, über den er zu reden hat, darum auch souverän dem Toten seine Stelle zuweisen und damit gewissermaßen über ihn sich stellen dürfe. In den abscheulichen Fragen, was an Kant und nun auch an Hegel der Gegenwart etwas bedeute – und schon die sogenannte Hegel-Renaissance hob vor einem halben Jahrhundert mit einem Buch Benedetto Croces an, das Lebendiges und Totes in Hegel auseinanderzuklauben sich anheischig machte –, klingt diese Anmaßung mit. Nicht wird die umgekehrte Frage auch nur aufgeworfen, was die Gegenwart vor Hegel bedeutet; ob nicht etwa die Vernunft, zu der man seit seiner absoluten gekommen zu sein sich einbildet, in Wahrheit längst hinter jene zurückfiel und dem bloß Seienden sich anbequemte, dessen Last die Hegelsche Vernunft vermöge der im Seienden selbst waltenden in Bewegung setzen wollte. Alle Würdigungen fallen unter das Urteil aus der Vorrede der Phänomenologie des Geistes, das über jene ergeht, die nur darum über den Sachen sind, weil sie nicht in den Sachen sind. Sie verfehlen vorweg den Ernst und das Verpflichtende von Hegels Philosophie, indem sie ihm gegenüber betreiben, was er mit allem Recht geringschätzig Standpunktphilosophie nannte. Will man nicht mit dem ersten Wort von ihm abprallen, so muß man, wie unzulänglich auch immer, dem Wahrheitsanspruch seiner Philosophie sich stellen, anstatt sie bloß von oben und darum von unten her zu bereden.

Gleich anderen geschlossenen Denksystemen nimmt sie den dubiosen Vorteil wahr, keinerlei Kritik zulassen zu müssen. Eine jede an Details bleibe partiell, verfehle das Ganze, das ohnehin dieser Kritik Rechnung trage. Umgekehrt aber sei das Ganze als Ganzes zu kritisieren abstrakt, »unvermittelt« und sehe am Grundmotiv der Hegelschen Philosophie vorbei: daß sie auf keinen »Spruch«, kein Allgemeinprinzip sich abdestillieren lasse und nur als Totalität, im konkreten Zusammenhang all ihrer Momente sich ausweise. Danach wird Hegel ehren einzig der, welcher sich von der Angst vor jener gleichsam mythologischen Verstricktheit eines kritischen Verfahrens, das es auf jeden Fall falsch zu machen scheint, nicht einschüchtern läßt und, anstatt ihm gnädig oder ungnädig Verdienste zu- oder abzusprechen, dem Ganzen nachgeht, auf das er selber ging.

Kaum ein theoretischer Gedanke von einiger Tragweite heute wird wohl der Erfahrung des Bewußtseins, und wahrhaft nicht des Bewußtseins allein, sondern der leibhaften der Menschen gerecht, der nicht Hegelsche Philosophie in sich aufgespeichert hätte. Das ist aber nicht mit dem armseligen Aperçu zu erklären, der absolute Idealist wäre ein ebenso großer Realist, zumal ein Mann mit scharfem historischem Blick gewesen. Die inhaltlichen Einsichten Hegels, die bis zur Unversöhnlichkeit der Widersprüche in der bürgerlichen Gesellschaft sich vorwagten, sind nicht von der Spekulation, deren vulgärer Begriff mit dem Hegelschen nichts zu tun hat, wie von einer lästigen Zutat zu sondern. Vielmehr sind sie von der Spekulation gezeitigt und verlieren ihre Substanz, sobald man sie als bloß empirisch auffaßt. Die bei Fichte programmatische, von Hegel erst durchgeführte Lehre, das Apriori sei auch das Aposteriori, ist keine verwegene Floskel, sondern Hegels Lebensnerv: sie inspiriert die Kritik der sturen Empirie wie die des statischen Apriorismus. Wo Hegel das Material zum Sprechen verhält, ist der Gedanke der ursprünglichen, sich entzweienden und wiedervereinigenden Identität von Subjekt und Objekt im »Geist« am Werk. Sonst bliebe der unerschöpflich reiche Inhalt des Systems entweder bloße Faktenanhäufung und vorphilosophisch, oder bloß dogmatisch und ohne Stringenz. Mit Recht hat Richard Kroner sich dagegen gewandt, die Geschichte des deutschen Idealismus als einen geradlinigen Fortschritt von Schelling zu Hegel zu beschreiben. Vielmehr erwehrte sich Hegel des dogmatischen Moments der

Schellingschen Naturphilosophie durch Rückgriff auf den Fichteschen und selbst Kantischen erkenntnistheoretischen Impuls. Die Dynamik der Phänomenologie des Geistes hebt erkenntnistheoretisch an, um dann freilich, wie es bereits die Einleitung skizziert, die Position einer isolierten oder, nach Hegelscher Sprache, abstrakten Erkenntnistheorie zu sprengen. Die Fülle des Gegenständlichen, die bei Hegel vom Gedanken gedeutet wird und ihrerseits ihn nährt, fällt demnach nicht sowohl seiner realistischen Sinnesart zu als seiner Weise von Anamnesis, der Versenkung des Geistes in sich selber, oder, in Hegels Worten, dem in sich Hineingehen, sich Zusammenziehen des Seins. Wollte man, um den materialen Gehalt der Hegelschen Philosophie gegenüber der angeblich veralteten und willkürlichen Spekulation zu retten, ihren Idealismus ausmerzen, man behielte nichts als Positivismus hier, schale Geistesgeschichte dort in der Hand. Was er dachte, ist aber auch von ganz anderem Rang als dem der Einbettung in Zusammenhänge, vor denen die Einzelwissenschaften die Augen verschlossen. Sein System ist so wenig eine wissenschaftliche Dachorganisation wie ein Konglomerat genialer Beobachtungen. Beim Studium seines Werkes will es einen zuweilen bedünken, als wäre der Fortschritt, den der Geist durch klare Methodologie wie durch hieb- und stichfeste Empirie seit Hegels Tod und gegen ihn gemacht zu haben wähnt, eine einzige Regression, während den Philosophen, die glauben, etwas von seinem Erbe festzuhalten, meist jener konkrete Inhalt entgleitet, an dem Hegels Gedanke sich erst erprobt.

Erinnert sei etwa an die vor allem von Köhler zu einer Art Philosophie ausgeweitete Gestalttheorie. Hegel hat den Vorrang des Ganzen vor seinen endlichen, unzulänglichen und in ihrer Konfrontation mit dem Ganzen widerspruchsvollen Teilen erkannt. Aber er hat weder aus dem abstrakten Prinzip der Ganzheit eine Metaphysik abgeleitet noch das Ganze als solches im Namen der »guten Gestalt« glorifiziert. So wenig die Teile von ihm gegen das Ganze als dessen Elemente verselbständigt werden, so sehr weiß der Kritiker der Romantik, daß das Ganze nur durch die Teile hindurch, nur durch den Riß, die Entfremdung, die Reflexion, kurz all das, was der Gestalttheorie anathema ist, sich realisiert. Sein Ganzes *ist* überhaupt nur als Inbegriff der je über sich hinausweisenden und sich auseinander hervorbringenden Teilmomente; nichts jenseits von ihnen. Darauf zielt seine Kategorie der Totalität. Sie ist unvereinbar mit jeglicher harmonistischen Neigung, mag immer auch der späte Hegel subjektiv solche Neigungen gehegt haben. Die Konstatierung von Unverbundenem wie das Prinzip der Kontinuität werden beide gleichermaßen von seinem kritischen Gedanken ereilt; der Zusammenhang ist keiner des stetigen Übergangs sondern einer des Umschlags, der Prozeß geschieht nicht in der Annäherung der Momente sondern selber durch den Bruch. Begehrt aber in ihrer Deutung durch Max Scheler die moderne Gestalttheorie auf gegen den herkömmlichen erkenntnistheoretischen Subjektivismus; interpretiert sie das für die gesamte Kantische Tradition entqualifizierte, chaotische Sinnesmaterial, die Gegebenheit des Phänomens, als ein bereits Bestimmtes und Strukturiertes, so hat Hegel eben diese Bestimmtheit des Objekts mit allem Nachdruck hervorgehoben, ohne doch darüber die sinnliche Gewißheit, mit deren Kritik die Phänomenologie des Geistes beginnt, oder gar eine intellektuelle Anschauung zu vergötzen. Gerade durch den absoluten Idealismus, der nichts mehr außerhalb des zum Unendlichen erweiterten Subjekts stehen läßt, sondern alles in den Stromkreis der Immanenz hineinreißt, wird der Gegensatz zwischen form- und sinnverleihendem Bewußtsein und bloßem Stoff ausgelöscht. Alle spätere Kritik am sogenannten Formalismus der Erkenntnistheorie wie der Ethik findet sich explizit in Hegel, während er doch darum nicht, wie Schelling vor ihm und heute die Existentialontologie, mit einem Satz ins angeblich Konkrete springt. Die schrankenlose Expansion des Subjekts zum absoluten Geist bei ihm hat zur Konsequenz, daß, als diesem Geist innewohnendes Moment, nicht bloß das Subjekt, sondern auch das Objekt sachhaltig und mit allem Anspruch seines eigenen Seins auftritt. So ist die viel bewunderte materiale Fülle Hegels selber Funktion des spekulativen Gedankens. Er erst hat ihm dazu verholfen, nicht länger bloß über die Instrumente des Erkennens, sondern dessen wesentliche Gegenstände Wesentliches auszusagen, und gleichwohl die kritische Selbstreflexion des Bewußtseins niemals suspendiert. So weit von einem Realismus bei Hegel die Rede sein kann, liegt er im Zug seines

Idealismus, ist nicht diesem heterogen. Tendenziell greift bei Hegel der Idealismus über sich selber hinaus.

Gerade die äußerste idealistische Spitze seines Denkens, die Konstruktion des Subjekt-Objekts, ist keineswegs als Übermut des losgelassenen Begriffs abzutun. Bereits bei Kant bildet die geheime Kraftquelle die Idee, daß die in Subjekt und Objekt entzweite Welt, in der wir gleichsam als Gefangene unserer eigenen Konstitution nur mit Phänomena zu tun haben, nicht das Letzte sei. Dem fügt Hegel ein Unkantisches hinzu: daß wir, indem wir den Block, die Grenze begrifflich fassen, die der Subjektivität gesetzt ist; indem wir diese als »bloße« Subjektivität durchschauen, bereits über die Grenze hinaus seien. Hegel, in sehr vielem Betracht ein zu sich selbst gekommener Kant, wird davon getrieben, daß Erkenntnis, wenn es das irgend gibt, der eigenen Idee nach die ganze sei; daß jedes einseitige Urteil durch seine bloße Form das Absolute meine und nicht ruhe, bis es im Absoluten aufgehoben ist. Der spekulative Idealismus verachtet nicht tollkühn die Grenze der Möglichkeit von Erkenntnis, sondern sucht nach Worten dafür, daß eigentlich jeder Erkenntnis, die eine ist, die Anweisung auf Wahrheit schlechthin innewohnt; daß Erkenntnis, um überhaupt eine und keine bloße Verdoppelung des Subjekts zu sein, mehr sei als bloß subjektiv, Objektivität gleich der objektiven Vernunft des Platon, deren Erbschaft mit der subjektiven Transzendentalphilosophie bei Hegel chemisch sich durchdringt. Gut Hegelisch dürfte man sagen – und gleichzeitig durch eine Interpretation, die ihn nochmals reflektiert, ihn zentral verändern –, es werde gerade die Konstruktion des absoluten Subjekts bei ihm einer in Subjektivität unauflöslichen Objektivität gerecht. Erst der absolute Idealismus gibt, paradox genug, historisch die Methode frei, welche in der Einleitung der Phänomenologie das »bloße Zusehen« heißt. Nur darum vermag Hegel von der Sache aus zu denken, ihrem eigenen Gehalt gleichsam passiv sich zu überantworten, weil sie kraft des Systems bezogen wird auf ihre Identität mit dem absoluten Subjekt. Die Sachen reden selber in einer Philosophie, die sich stark macht zu beweisen, daß sie selber eins sei mit den Sachen. So sehr der Fichteaner Hegel den Gedanken der »Setzung«, der Erzeugung durch den Geist betont, so durch und durch aktiv, praktisch sein Entwicklungsbegriff gedacht ist, so passiv ist er doch gleichzeitig in der Ehrfurcht vorm Bestimmten, das zu begreifen nichts anderes bedeutet, als seinem eigenen Begriff zu gehorchen. In der Husserlschen Phänomenologie spielt die Lehre von der spontanen Rezeptivität ihre Rolle. Auch sie ist Hegelisch durch und durch, nur eben bei ihm nicht beschränkt auf einen bestimmten Typus von Akten des Bewußtseins, sondern entfaltet auf allen Stufen der Subjektivität wie der Objektivität. Überall beugt Hegel sich dem eigenen Wesen des Objekts, überall wird es ihm erneut unmittelbar, aber eben solche Unterordnung unter die Disziplin der Sache verlangt die äußerste Anstrengung des Begriffs. Sie triumphiert in dem Augenblick, da die Intentionen des Subjekts erlöschen in dem Gegenstand. Die statische Zerlegung der Erkenntnis in Subjekt und Objekt, die der heute akzeptierten Wissenschaftslogik selbstverständlich dünkt; jene Residualtheorie der Wahrheit, derzufolge objektiv ist, was nach Durchstreichung der sogenannten subjektiven Faktoren übrigbleibt, wird von der Hegelschen Kritik ins leere Zentrum getroffen; darum so tödlich, weil er ihr keine irrationale Einheit von Subjekt und Objekt entgegensetzt, sondern die je voneinander sich unterscheidenden Momente des Subjektiven und Objektiven festhält und doch wiederum als durcheinander vermittelte begreift. Daß im Bereich der sogenannten Gesellschaftswissenschaften, überall dort, wo das Objekt selber durch »Geist« vermittelt ist, die Fruchtbarkeit der Erkenntnis nicht durch die Ausschaltung des Subjekts sondern vielmehr kraft dessen höchster Anstrengung, durch all seine Innervationen und Erfahrungen hindurch gerät – diese Einsicht, die heute erst den widerstrebenden Sozialwissenschaften durch die Selbstbesinnung abgezwungen wird, stammt aus dem Systemzusammenhang Hegels. Sie verleiht ihm die wissenschaftliche Überlegenheit über den Wissenschaftsbetrieb, der, während er gegen das Subjekt wütet, aufs vorwissenschaftliche Registrieren bloßer unverbundener Fakten, Gegebenheiten, Meinungen, des hinfälligsten, zufälligsten Subjektiven, regrediert. So rückhaltlos Hegel der Bestimmtheit seines Gegenstandes, eigentlich der objektiven Dynamik der Gesellschaft sich anvertraut, so gründlich ist er doch vermöge seiner in jede sachhaltige Erkenntnis hinreichenden Konzeption des Verhältnisses von Subjekt und Objekt gefeit gegen die Versuchung des unkritischen Akzeptierens der Fassade: die Dialektik von Wesen und Erscheinung ist nicht umsonst in die Mitte der Logik gerückt. Daran ist zu erinnern in einer Situation, in der die Verwalter der Dialektik in deren materialistischer Version, die offizielle Denkerei des Ostblocks, die Dialektik zur unreflektierten Abbildtheorie erniedrigten. Einmal des kritischen Fermentes bar, schickt sie sich so gut zum Dogmatismus wie einst die Unmittelbarkeit von Schellings intellektueller Anschauung, gegen welche die Spitze der Hegelschen Polemik sich richtete. Hegel hat den Kantischen Kritizismus zu seinem Recht gebracht, indem er den Kantischen Dualismus von Form und Inhalt selber kritisierte, die starren Differenzbestimmungen von Kant und, Hegels Interpretation zufolge, auch noch von Fichte in die Dynamik hineinzog, ohne doch die Unauflöslichkeit der Momente einer unmittelbaren planen Identität zu opfern. Seinem Idealismus wird die Vernunft zur kritischen in einem Kant nochmals kritisierenden Sinn, als negative, die Statik der gleichwohl festgehaltenen Momente bewegende. Die von Kant einander entgegengesetzten Pole, Form und Inhalt, Natur und Geist, Theorie und Praxis, Freiheit und Notwendigkeit, Ding an sich und Phänomen, werden allesamt von Reflexion durchdrungen, derart, daß keine dieser Bestimmungen als ein Letztes stehen bleibt. Eine jede bedarf, um gedacht werden und sein zu können, von sich aus genau jenes anderen Moments, das bei Kant ihr entgegengesetzt wird. Vermittlung heißt daher bei Hegel niemals, wie das verhängnisvollste Mißverständnis seit Kierkegaard es sich ausmalt, ein Mittleres zwischen den Extremen, sondern die Vermittlung ereignet sich durch die Extreme hindurch in ihnen selber; das ist der radikale, mit allem Moderantismus unvereinbare Aspekt Hegels. Was die traditionelle Philosophie als ontologische Grundbestände auszukristallisieren hofft, sind, so erweist er, nicht diskret gegeneinander abgesetzte Ideen, sondern eine jegliche verlangt ihr Gegenteil, und das Verhältnis aller zueinander ist der Prozeß. Dadurch aber verändert der Sinn von Ontologie sich so eingreifend, daß es müßig dünkt, ihn, wie heute manche Hegelinterpreten es möchten, auf eine sogenannte Grundstruktur länger anzuwenden, deren Wesen es eben ist, nicht Grundstruktur, nicht ὑποκείμενον zu sein. Wie im Sinne Kants keine Welt, kein Konstitutum ohne die subjektiven Bedingungen der Vernunft, des Konstituens möglich ist, so, fügt Hegels Selbstreflexion des Idealismus hinzu, ist auch kein Konstituens, so sind keine erzeugenden Bedingungen des Geistes möglich, die nicht von tatsächlichen Subjekten und damit schließlich selber von einem nicht bloß Subjektiven, von »Welt« abstrahiert wären. An dem verhängnisvollen Erbe der traditionellen Metaphysik, der Frage nach einem letzten Prinzip, auf das alles sich müsse zurückführen lassen, ist Hegel kraft der insistenten Antwort irre geworden.

Daher ist die Dialektik, der Inbegriff der Hegelschen Philosophie, keinem methodischen oder ontologischen Prinzip zu vergleichen, das sie ähnlich charakterisierte wie die Ideenlehre den mittleren Platon oder die Monadologie Leibniz. Dialektik heißt weder ein bloßes Verfahren des Geistes, durch das er sich der Verbindlichkeit seines Objekts entzöge – bei ihm leistet sie buchstäblich das Gegenteil, die permanente Konfrontation des Objekts mit seinem eigenen Begriff – noch eine Weltanschauung, in deren Schema man die Realität zu pressen hätte. So wenig die Dialektik der Einzeldefinition hold ist, so wenig fügt sie selber sich irgendeiner. Sie ist das unbeirrte Bemühen, kritisches Bewußtsein der Vernunft von sich selbst mit der kritischen Erfahrung der Gegenstände zusammenzuzwingen. – Der szientifische Begriff der Verifizierung ist beheimatet in jenem Reich getrennter starrer Begriffe, wie Theorie und Erfahrung, dem Hegel den Krieg ansagte. Wollte man aber justament seiner eigenen Verifizierung nachfragen, so hat genau jene Lehre von der Dialektik, welche die Ignoranz als Zwangsjacke der Begriffe abzutun pflegt, in der jüngsten geschichtlichen Phase sich verifiziert in einem Maße, das über den Versuch, sich ohne die vermeintliche Willkür solcher Konstruktion nach dem zu richten, was der Fall sei, das Urteil spricht: Hitler war der eigenen Ideologie nach und als tolerierter Büttel stärkerer Interessen darauf aus, den Bolschewismus zu vertilgen, während sein Krieg den Riesenschatten der slawischen Welt über Europa brachte, jener slawischen Welt, von der Hegel bereits ahnungsvoll sagte, daß sie noch nicht in die Geschichte eingetreten sei. Befähigt aber wurde Hegel dazu nicht durch einen historischen Prophetenblick, für den er nichts gefühlt hätte als Verachtung, sondern durch eben jene konstruktive Kraft, die ganz eingeht in das, was ist, ohne daß sie doch auf sich selbst, als Vernunft, Kritik und Bewußtsein der Möglichkeit, verzichtete.

Bei alldem jedoch; obwohl Dialektik die Unmöglichkeit der Reduktion der Welt auf einen fixierten subjektiven Pol dartut und methodisch die wechselfältige Negation und Produktion der subjektiven und objektiven Momente verfolgt, hat Hegels Philosophie als eine des Geistes den Idealismus festgehalten. Nur die diesem innewohnende Lehre von der Identität von Subjekt und Objekt – die ihrer bloßen Form nach allemal bereits auf den Vorrang des Subjekts hinausläuft – schenkt ihm jene Kraft des Totalen, welche die negative Arbeit, die Verflüssigung der einzelnen Begriffe, die Reflexion des Unmittelbaren und dann wieder die Aufhebung der Reflexion leistet. Die drastischsten Formulierungen dazu finden sich in Hegels Geschichte der Philosophie. Nicht nur ist ihr zufolge die Fichtesche Philosophie die Vollendung der Kantischen, wie Fichte selber immer wieder versicherte, sondern Hegel geht so weit zu sagen, es seien »außer diesen und Schelling keine Philosophien«[1]. Er hat, gleich Fichte, durch Auflösung des nicht bewußtseinseigenen, des gegebenen Moments der Realität in eine Setzung des unendlichen Subjekts Kant an Idealismus zu überbieten getrachtet. Gegenüber der abgründigen Brüchigkeit des Kantischen Systems hat Hegel die größere Konsequenz von dessen Nachfolgern gerühmt und noch gesteigert. Ihm stieß nicht auf, daß die Kantischen Brüche eben jenes Moment der Nichtidentität verzeichnen, das zu Hegels eigener Fassung der Identitätsphilosophie unabdingbar hinzugehört. Vielmehr urteilt er über Fichte: »Diesen Mangel, die kantische gedankenlose Inkonsequenz, durch die es dem ganzen System an spekulativer Einheit fehlt, hat Fichte aufgehoben... Seine Philosophie ist Ausbildung der Form in sich (die Vernunft synthesirt sich in sich selbst, ist Synthese des Begriffs und der Wirklichkeit), und besonders eine konsequentere Darstellung der kantischen Philosophie.«[2] Das Einverständnis mit Fichte reicht darüber noch hinaus: »Die fichtesche Philosophie hat den großen Vorzug und das Wichtige, aufgestellt zu haben, daß Philosophie Wissenschaft aus höchstem Grundsatz seyn muß, woraus alle Bestimmungen nothwendig abgeleitet sind. Das Große ist die Einheit des Princips und der Versuch, wissenschaftlich konsequent den ganzen Inhalt des Bewußtseyns daraus zu entwickeln oder, wie man es nannte, die ganze Welt zu konstruiren.«[3] Weniges könnte das in sich widerspruchsvolle Verhältnis Hegels zum Idealismus, dessen höchste Erhebung und dessen Umschlagspunkt er erreicht hat, prägnanter bekunden als diese Sätze. Denn daß die Wahrheit, bei Hegel: das System, nicht als ein solcher Grundsatz, als ein Urprinzip sich aussprechen lasse, sondern die dynamische Totalität aller sich auseinander vermöge ihres Widerspruchs erzeugenden Sätze sei, hat die Hegelsche Philosophie zum Inhalt. Das ist aber das genaue Gegenteil des Fichteschen Versuchs, die Welt aus der reinen Identität, dem absoluten Subjekt, der einen ursprünglichen Setzung herzuleiten. Trotzdem jedoch gilt für Hegel emphatisch das Fichtesche Postulat des deduktiven Systems. Nur hat er dessen zweitem Grundsatz unendlich viel mehr Gewicht zugeteilt als die Wissenschaftslehre selber. Nicht bleibt es, nach Hegels Sprache, bei der »absoluten Form«, die Fichte ergriffen hat und die die Wirklichkeit in sich einschließen soll, sondern die konkrete Wirklichkeit selber wird konstruiert, indem der Gegensatz des Inhalts zur Form vom Gedanken erfaßt und der entgegengesetzte Inhalt, wenn man so will, aus der Form selber entwickelt wird. Im Entschluß, keine Grenze zu dulden, jeden Erdenrest einer Differenzbestimmung zu tilgen, hat Hegel den Fichteschen Idealismus buchstäblich übertrumpft. Dadurch eben verlieren die einzelnen Fichteschen Grundsätze ihre abschlußhafte Bedeutung. Die Unzulänglichkeit eines abstrakten Grundsatzes jenseits der Dialektik, aus dem alles folgen soll, ist von Hegel erkannt. Was bei Fichte bereits angelegt, aber noch nicht entfaltet war, wird zum Motor des Philosophierens. Die Konsequenz aus dem Grundsatz negiert diesen zugleich und bricht seinen absoluten Vorrang. Daher durfte Hegel, in der Phänomenologie, sowohl von dem Subjekt ausgehen und in der Betrachtung von dessen Selbstbewegung alle konkreten Inhalte ergreifen, wie umgekehrt, in der Logik, die Bewegung des Gedankens mit dem Sein einsetzen lassen.

Recht verstanden, ist die Wahl des Ausgangspunktes, des je Ersten, für die Hegelsche Philosophie gleichgültig; sie erkennt ein solches Erstes als festes und im Fortgang des Denkens unverändert sich selbst gleichbleibendes Prinzip nicht an. Hegel läßt damit alle traditionelle Metaphysik und den vorspekulativen Begriff des Idealismus weit unter sich. Aber der Idealismus wird dennoch nicht verlassen. Die absolute Stringenz und Geschlossenheit des Denkverlaufs, die er mit Fichte gegen Kant anstrebt, statuiert als solche bereits die Priorität des Geistes, auch wenn auf jeder Stufe das Subjekt ebenso als Objekt sich bestimmt wie umgekehrt das Objekt als Subjekt. Indem der betrachtende Geist sich vermißt, alles was ist, als dem Geist selber, dem Logos, den Denkbestimmungen kommensurabel zu erweisen, wirft der Geist sich zum ontologisch Letzten auf, auch wenn er die darin liegende Unwahrheit, die des abstrakten Apriori, noch mitdenkt und diese seine eigene Generalthesis wegzuschaffen sich anstrengt. In der Objektivität der Hegelschen Dialektik, die allen bloßen Subjektivismus niederschlägt, steckt etwas von dem Willen des Subjekts, über den eigenen Schatten zu springen. Das Hegelsche Subjekt-Objekt ist Subjekt. Das erklärt den nach Hegels eigener Forderung allseitiger Konsequenz ungelösten Widerspruch, daß die Subjekt-Objekt-Dialektik, bar jeglichen abstrakten Oberbegriffs, das Ganze ausmache und doch ihrerseits als das Leben des absoluten Geistes sich erfülle. Der Inbegriff des Bedingten sei das Unbedingte. Nicht zuletzt daher rührt das Schwebende, sich selbst in der Luft Erhaltende der Hegelschen Philosophie, ihr permanentes Skandalon: der Name des höchsten spekulativen Begriffs, eben der des Absoluten, des schlechthin Losgelösten ist wörtlich der Name jenes Schwebenden. Keiner Unklarheit oder Verworrenheit ist das Hegelsche Skandalon zuzuschreiben, sondern es ist der Preis, den Hegel für die absolute Konsequenz zahlen muß, die auf die Schranke des Konsequenzdenkens prallt, ohne sie doch wegräumen zu können. Im Ungeschlichteten und Anfälligen der Hegelschen Dialektik findet diese ihre äußerste Wahrheit, die ihrer Unmöglichkeit, wäre es auch, ohne daß sie, die Theodizee des Selbstbewußtseins, das Selbstbewußtsein davon besäße.
Damit aber bietet Hegel der Kritik am Idealismus sich dar:

einer immanenten, so wie er von jeglicher Kritik es erheischte. Ihre Schwelle hat er selbst erreicht. Richard Kroner charakterisiert Hegels Verhältnis zu Fichte mit Worten, die übrigens in gewisser Weise bereits für Fichte zutreffen: »Das Ich ist, insofern es durch die Reflexion allem Anderen entgegengesetzt wird, vor allem Anderen nicht ausgezeichnet; insofern gehört es vielmehr selbst zu dem Entgegengesetzten, zu dem Gesetzten, zu den Denkinhalten, den Momenten seiner Tätigkeit.«[4] Die Antwort des deutschen Idealismus auf diese Einsicht in die Bedingtheit des Ichs, ebenfalls eine von denen, welche die Reflexionsphilosophie in ihrer modernen szientifischen Fortbildung nur mühsam wieder erwarb, ist grob die Fichtesche Unterscheidung von Individuum und Subjekt, letztlich die Kantische zwischen dem Ich als Substrat der empirischen Psychologie und dem transzendentalen Ich denke. Das endliche Subjekt ist, wie Husserl es nannte, ein Stück Welt. Selber mit Relativität behaftet, taugt es nicht zur Begründung des Absoluten. Es setzt das bereits voraus, was als Kantisches »Konstitutum« durch die Transzendentalphilosophie erst erklärt werden soll. Demgegenüber gilt das Ich denke, die reine Identität als rein im emphatischen Kantischen Sinn, unabhängig von aller raumzeitlichen Faktizität. Nur dann läßt alles Daseiende ohne Rest in seinen Begriff sich auflösen. Bei Kant war dieser Schritt noch nicht vollzogen. So wie einerseits die kategorialen Formen des Ich denke eines ihnen zukommenden, nicht aus ihnen selbst entspringenden Inhalts bedürfen, um Wahrheit: Erkenntnis der Natur zu ermöglichen, so werden andererseits das Ich denke selbst und die kategorialen Formen von Kant als eine Art von Gegebenheiten respektiert; insofern ist zumindest die Kritik der reinen Vernunft mehr eine Phänomenologie der Subjektivität als ein spekulatives System. In dem von Kant mit grüblerischer Naivetät stets wieder unreflektiert verwandten »uns« ist die Bezogenheit der kategorialen Formen, nicht nur ihrer Anwendung, sondern ihrem eigenen Ursprung nach, auf eben jenes Existierende, nämlich die Menschen anerkannt, das seinerseits erst aus dem Zusammenspiel der Formen mit dem sinnlichen Material resultiere. Kants Reflexion brach an dieser Stelle ab und hat damit die Irreduktibilität des Faktischen auf den Geist, die Verschränkung der Momente bezeugt. Fichte hat sich dabei nicht beschieden. Er hat die Unterscheidung des transzendentalen und empirischen Subjekts rücksichtslos über Kant hinausgetrieben und um der Unversöhnlichkeit beider willen versucht, das Prinzip des Ichs der Faktizität zu entwinden und dadurch den Idealismus in jener Absolutheit zu rechtfertigen, die dann zum Medium des Hegelschen Systems wird. Fichtes Radikalismus hat dabei freigelegt, was bei Kant im Halbdunkel der transzendentalen Phänomenologie sich barg, aber gegen seinen Willen auch die Fragwürdigkeit seines eigenen absoluten Subjekts ins Helle gerückt. Er nennt es, als was zu benennen alle späteren Idealisten und ganz gewiß die Ontologen unter ihnen am sorgfältigsten sich hüteten, eine Abstraktion[5]. Gleichwohl soll das »reine Ich« das bedingen, wovon es abstrahiert wird und wovon es selber insofern bedingt ist, als sein eigener Begriff ohne solche Abstraktion schlechterdings nicht gedacht werden kann. Das Resultat von Abstraktion ist nie gegen das, wovon es abgezogen ward, absolut zu verselbständigen; weil das Abstraktum auf das unter ihm Befaßte anwendbar bleiben, weil Rückkehr möglich sein soll, ist in ihm immer zugleich auch in gewissem Sinn die Qualität dessen, wovon abstrahiert wird, aufbewahrt, wäre es auch in oberster Allgemeinheit. Setzt daher die Bildung des Begriffs Transzendentalsubjekt oder absoluter Geist sich ganz hinweg über individuelles Bewußtsein schlechthin als raumzeitliches, woran er gewonnen ward, so läßt jener Begriff selber sich nicht mehr einlösen; sonst wird er, der alle Fetische demolierte, selber einer, und das haben die spekulativen Philosophen seit Fichte verkannt. Fichte hat das abstrahierte Ich hypostasiert, und darin ist Hegel ihm verhaftet geblieben. Beide haben übersprungen, daß der Ausdruck Ich, das reine, transzendentale ebenso wie das empirische, unmittelbare, irgend Bewußtsein bezeichnen muß. Schon Kant gegenüber hat Schopenhauer, mit einer anthropologisch-materialistischen Wendung seiner Polemik, darauf bestanden. Kants reine Vernunft werde, zumindest in der Moralphilosophie, »nicht als eine Erkenntnißkraft des Menschen was sie doch allein ist, genommen; sondern als etwas für sich Bestehendes hypostasirt, ohne alle Befugniß und zu perniciosestem Beispiel und Vorgang; welches zu belegen unsere jetzige erbärmliche philosophische Zeitperiode dienen kann. Inzwischen ist diese Aufstellung der Moral nicht für Menschen als Menschen, sondern für alle vernünftige Wesen als solche, Kanten eine so angelegene Hauptsache und Lieblingsvorstellung, daß er nicht müde wird, sie bei jeder Gelegenheit zu wiederholen. Ich sage dagegen, daß man nie zur Aufstellung eines Genus befugt ist, welches uns nur in einer einzigen Species gegeben ist, in dessen Begriff man daher schlechterdings nichts bringen könnte, als was man von dieser einen Species entnommen hätte, daher was man vom Genus aussagte, doch immer nur von der einen Species zu verstehen seyn würde; während, indem man, um das Genus zu bilden, unbefugt weggedacht hätte, was dieser Species zukommt, man vielleicht gerade die Bedingung der Möglichkeit der übrig gelassenen und als Genus hypostasirten Eigenschaften aufgehoben hätte.«[6] Aber auch bei Hegel noch sind, und wahrhaft nicht aus sprachlicher Nachlässigkeit, die emphatischesten Ausdrücke, wie Geist und Selbstbewußtsein, der Erfahrung des endlichen Subjekts von sich selber entlehnt; auch er kann den Faden zwischen dem absoluten Geist und der empirischen Person nicht durchschneiden. Das Fichtesche und Hegelsche absolute Ich, als Abstraktion von dem empirischen, mag noch so gründlich dessen besonderen Inhalt ausmerzen; wäre es überhaupt nicht mehr auch das, wovon abstrahiert wird, nämlich Ich; entäußerte es sich vollends der in dessen Begriff mitgesetzten Faktizität, so wäre es nicht länger jenes bei sich selbst Sein des Geistes, jene Heimat der Erkenntnis, von der andererseits wieder der Vorrang der Subjektivität in den großen idealistischen Systemen einzig abhängt. Ein Ich, das in gar keinem Sinn mehr Ich wäre, also jeden Bezugs auf das individuierte Bewußtsein und damit notwendig auf die raumzeitliche Person entriete, wäre ein Nonsens, nicht nur freischwebend und so unbestimmbar wie Hegel dem Gegenbegriff dazu, dem Sein, es vorwarf, sondern auch als Ich, nämlich als vermittelt zum Bewußtsein, gar nicht mehr zu fassen. Die Analyse des absoluten Subjekts muß die Unauflöslichkeit eines empirischen, nichtidentischen Moments daran anerkennen, das die Lehren vom absoluten Subjekt, die idealistischen Identitätssysteme als unauflöslich nicht anerkennen dürfen. Insofern ist Hegels Philosophie nach dem Richtspruch ihres eigenen Begriffs unwahr. Wieso aber ist sie dann doch wahr?

Zur Antwort wird man entziffern müssen, was, ohne je sich dingfest machen zu lassen, die gesamte Hegelsche Philosophie durchherrscht. Das ist der Geist. Er wird nicht einem Nichtgeistigen, Stofflichen absolut kontrastiert; er ist ursprünglich keine Sphäre besonderer Objekte, die der späteren Geisteswissenschaften. Er sei vielmehr uneingeschränkt und absolut: darum heißt er bei Hegel ausdrücklich, als Erbe der Kantischen praktischen Vernunft, frei. Nach der Bestimmung der Enzyklopädie aber ist er »wesentlich activ, producirend«[7], so wie schon die Kantische praktische Vernunft von der theoretischen sich wesentlich dadurch unterscheidet, daß sie ihren »Gegenstand«, die Tat, schafft. Das Kantische Moment der Spontaneität, das in der synthetischen Einheit der Apperzeption mit der konstitutiven Identität geradezu in eins gesetzt ist – Kants Begriff des Ich denke war die Formel für die Indifferenz erzeugender Spontaneität und logischer Identität –, wird bei Hegel total und in solcher Totalität Prinzip des Seins nicht weniger als des Denkens. Indem aber von Hegel Erzeugen und Tun nicht mehr als bloß subjektive Leistung dem Stoff gegenübergestellt sondern in den bestimmten Objekten, in der gegenständlichen Wirklichkeit aufgesucht sind, rückt Hegel dicht ans Geheimnis, das hinter der synthetischen Apperzeption sich versteckt und sie hinaushebt über die bloße willkürliche Hypostasis des abstrakten Begriffs. Das jedoch ist nichts anderes als die gesellschaftliche Arbeit. In dem erst 1932 entdeckten philosophisch-ökonomischen Manuskript des jungen Marx wurde das erstmals erkannt: »Das Große an der Hegelschen Phänomenologie und ihrem Endresultate – der Dialektik, der Negativität als dem bewegenden und erzeugenden Prinzip – ist, ... daß er ... das Wesen der Arbeit faßt und den gegenständlichen Menschen, wahren, weil wirklichen Menschen, als Resultat seiner eigenen Arbeit begreift.«[8] Das Moment der Allgemeinheit des tätigen transzendentalen Subjekts gegenüber dem bloß empirischen, vereinzelten und kontingenten ist so wenig bloßes Hirngespinst wie die Geltung der logischen Sätze gegenüber dem faktischen Ablauf der einzelnen individuellen Denkakte. Diese Allgemeinheit vielmehr ist der zugleich genaue und, um der idealistischen Generalthesis willen, sich selbst verborgene Ausdruck des gesellschaftlichen Wesens der Arbeit, die zur Arbeit überhaupt erst als ein Für anderes, mit anderen Kommensurables; als ein Hinausgehen über die Zufälligkeit des je einzelnen Subjekts wird. Von der Arbeit anderer hängt, schon der Aristotelischen Politik zufolge, die Selbsterhaltung der Subjekte nicht minder ab als die Gesellschaft vom Tun der Einzelnen. Der Rückverweis des erzeugenden Moments des Geistes auf ein allgemeines Subjekt anstatt auf die individuelle, je arbeitende Einzelperson definiert Arbeit als organisierte, gesellschaftliche; ihre eigene »Rationalität«, die Ordnung der Funktionen, ist ein gesellschaftliches Verhältnis.

Die Übersetzung des Hegelschen Geistesbegriffs in gesellschaftliche Arbeit löst den Vorwurf eines Soziologismus aus, der Genese und Wirkung der Hegelschen Philosophie mit ihrem Gehalt verwechsle. Unstreitig war Hegel transzendentaler Analytiker wie Kant. Bis ins Einzelne wäre nachzuweisen, daß er als dessen Kritiker seine Intentionen über die Kritik der reinen Vernunft hinaus zu ihrem Recht zu bringen suchte, so wie schon Fichtes Wissenschaftslehre den Kantischen Begriff des Reinen forcierte. Die Hegelschen Kategorien, der Geist zumal, fallen in den Bereich der transzendentalen Konstituentien. Gesellschaft jedoch, der Funktionszusammenhang empirischer Personen, wäre bei Hegel, Kantisch gesprochen, Konstitutum, ein Stück jenes Daseienden, das von der Großen Logik – in der Lehre vom absoluten Unbedingten und von der Existenz als Gewordenem[9] – seinerseits aus dem Absoluten entwickelt wird, das Geist sei. Die Deutung von Geist als Gesellschaft erscheint demnach als μετάβασις εἰς ἄλλο γένος, unvereinbar mit dem Sinn der Hegelschen Philosophie allein schon darum, weil sie sich gegen die Maxime immanenter Kritik verfehle, den Wahrheitsgehalt der Hegelschen Philosophie an einem ihr Äußerlichen zu ergreifen suche, das diese in ihrem eigenen Gefüge als Bedingtes oder Gesetztes abgeleitet habe. Die explizite Hegelkritik freilich könnte dartun, daß jene Deduktion ihm nicht gelang. Der sprachliche Ausdruck Existenz, notwendig ein Begriffliches, wird verwechselt mit dem, was er designiert, dem Nichtbegrifflichen, in Identität nicht Einzuschmelzenden[10]. Die Absolutheit des Geistes ist immanent von Hegel nicht durchzuhalten, und wenigstens soweit bezeugt das seine Philosophie selbst, wie sie das Absolute nir-

gends findet als in der Totalität der Entzweiung, in der Einheit mit seinem Anderen. Umgekehrt aber ist Gesellschaft ihrerseits nicht bloßes Dasein, nicht bloßes Faktum. Nur einem äußerlich antithetischen, im Hegelschen Wortsinn abstrakten Denken wäre das Verhältnis von Geist und Gesellschaft das transzendentallogische von Konstituens und Konstitutum. Der Gesellschaft kommt eben das zu, was Hegel dem Geist gegenüber allen isolierten Einzelmomenten der Empirie reserviert. Diese sind durch Gesellschaft vermittelt, konstituiert wie nur je einem Idealisten die Dinge durch den Geist, und zwar vor jeglichem partikularen Einfluß von Gesellschaft auf die Phänomene: sie erscheint in diesen wie bei Hegel das Wesen. Gesellschaft ist so wesentlich Begriff wie der Geist. Als Einheit der durch ihre Arbeit das Leben der Gattung reproduzierenden Subjekte wird in ihr objektiv, unabhängig von aller Reflexion, abgesehen von den spezifischen Qualitäten der Arbeitsprodukte und der Arbeitenden. Das Prinzip der Äquivalenz gesellschaftlicher Arbeit macht Gesellschaft im neuzeitlichen bürgerlichem Sinn zum Abstrakten und zum Allerwirklichsten, ganz wie Hegel es vom emphatischen Begriff des Begriffs lehrt. Darum stößt jeder Schritt des Gedankens auf Gesellschaft, und keiner vermöchte sie als solche, als Ding unter Dingen, festzunageln. Was es dem Dialektiker Hegel erlaubt, den Geistbegriff vor der Kontamination mit dem factum brutum zu behüten und dadurch die Brutalität des Faktischen in Geist zu sublimieren und zu rechtfertigen, ist selber sekundär. Die ihrer selbst unbewußte Erfahrung der abstrakten gesellschaftlichen Arbeit verzaubert sich dem auf sie reflektierenden Subjekt. Arbeit wird ihm zu ihrer Reflexionsform, zur reinen Tat des Geistes, zu dessen produktiver Einheit. Denn nichts soll außer ihm sein. Das factum brutum aber, das im totalen Geistbegriff verschwindet, kehrt in diesem wieder als logischer Zwang. Ihm kann das einzelne so wenig sich entziehen wie der Einzelne der contrainte sociale. Allein solche Brutalität des Zwangs bewirkt den Schein von Versöhnung in der Lehre von der hergestellten Identität.
Die Ausdrücke, durch welche der Geist in den idealistischen Systemen als ursprüngliches Hervorbringen bestimmt wird, waren ausnahmslos, schon vor Hegel, der Sphäre der Arbeit entlehnt. Andere aber lassen sich darum nicht finden, weil das mit

der transzendentalen Synthesis Gemeinte von der Beziehung auf Arbeit dem eigenen Sinn nach nicht sich lösen läßt. Die systematisch geregelte Tätigkeit der Vernunft wendet Arbeit nach innen; Last und Zwang der nach außen gerichteten hat sich fortgeerbt an die reflektierende, modelnde Mühe der Erkenntnis ums »Objekt«, deren es dann wiederum bei der fortschreitenden Beherrschung von Natur bedarf. Bereits der althergebrachte Unterschied von Sinnlichkeit und Verstand indiziert, daß der Verstand, im Gegensatz zu dem von der Sinnlichkeit bloß Gegebenen, gleichsam ohne Gegenleistung Geschenkten etwas tue: sinnlich Gegebenes sei da wie die Früchte auf dem Feld, die Operationen des Verstandes aber ständen bei der Willkür; sie könnten geschehen oder unterbleiben als etwas, womit Menschen ein ihnen Gegenüberstehendes erst formen. Stets war der Primat des Logos ein Stück Arbeitsmoral. Die Verhaltensweise des Denkens als solche, gleichgültig was sie zum Inhalt hat, ist habituell gewordene und verinnerlichte Auseinandersetzung mit der Natur; Eingriff, kein bloßes Empfangen. Daher geht mit der Rede vom Denken überall die von einem Material zusammen, von dem der Gedanke sich geschieden weiß, um es zuzurichten wie die Arbeit ihren Rohstoff. Allem Denken ist denn auch jenes Moment von gewaltsamer Anstrengung – Reflex auf die Lebensnot – gesellt, welches Arbeit charakterisiert; Mühe und Anstrengung des Begriffs sind unmetaphorisch.

Der Hegel der Phänomenologie, dem das Bewußtsein des Geistes als lebendiger Tätigkeit und seiner Identität mit dem realen gesellschaftlichen Subjekt unverkümmerter war als dem späten, hat wenn nicht in der Theorie so doch kraft der Sprache den spontanen Geist als Arbeit erkannt. Der Weg des natürlichen Bewußtseins bis zur Identität des absoluten Wissens ist selber Arbeit. Das Verhältnis des Geistes zur Gegebenheit erscheint nach dem Modell eines gesellschaftlichen Vorgangs, und zwar eines Arbeitsprozesses: »Das Wissen, wie es zuerst ist, oder der unmittelbare Geist ist das Geistlose, das sinnliche Bewußtseyn. Um zum eigentlichen Wissen zu werden, oder das Element der Wissenschaft, das ihr reiner Begriff selbst ist, zu erzeugen, hat es sich durch einen langen Weg hindurch zu arbeiten.«[11] Das ist keineswegs bildlich: soll der Geist wirklich sein, dann erst recht seine Arbeit. Die Hegelsche »Arbeit des Begriffs« umschreibt nicht lax die Tätigkeit des Gelehrten. Diese, als Philosophie, wird nicht umsonst von Hegel immer zugleich auch als passiv, »zusehend« vorgestellt. Was der Philosoph arbeitet, will eigentlich nichts anderes als dem zum Worte verhelfen, was an der Sache selbst tätig ist, was als gesellschaftliche Arbeit den Menschen gegenüber objektive Gestalt hat und doch die Arbeit von Menschen bleibt. »Die Bewegung, worin das unwesentliche Bewußtseyn dieß Einsseyn zu erreichen strebt«, heißt es an einer späteren Stelle der Phänomenologie, »ist selbst die dreifache, nach dem dreifachen Verhältnisse, welches es zu seinem gestalteten Jenseits haben wird; einmal als reines Bewußtseyn; das andere Mal als einzelnes Wesen, welches sich als Begierde und Arbeit gegen die Wirklichkeit verhält; und zum dritten als Bewußtseyn seines Fürsichseyns.«[12]

Die Hegelinterpretation hat mit Recht darauf bestanden, daß die in seiner Philosophie voneinander unterschiedenen Hauptmomente jeweils, jedes einzelne, zugleich auch das Ganze seien. Das gilt aber gewiß auch für den Begriff der Arbeit als eines Verhältnisses zur Wirklichkeit: denn ein solches ist, als Subjekt-Objekt-Dialektik, Dialektik insgesamt. Die zentrale Verbindung der Begriffe Begierde und Arbeit löst die letztere aus der bloßen Analogie zur abstrakten Tätigkeit des abstrakten Geistes. Arbeit im ungeschmälerten Sinn ist in der Tat an Begierde gebunden, die sie wiederum negiert: sie befriedigt die Bedürfnisse der Menschen auf all ihren Stufen, hilft ihrer Not, reproduziert ihr Leben und mutet ihnen dafür Verzichte zu. Noch in ihrer geistigen Gestalt ist Arbeit auch ein verlängerter Arm, Lebensmittel beizustellen, das verselbständigte und freilich dann seinem Wissen von sich selbst entfremdete Prinzip der Naturbeherrschung. Falsch aber wird der Idealismus, sobald er die Totalität der Arbeit in deren Ansichsein verkehrt, ihr Prinzip zum metaphysischen, zum actus purus des Geistes sublimiert und tendenziell das je von Menschen Erzeugte, Hinfällige, Bedingte samt der Arbeit selber, die ihr Leiden ist, zum Ewigen und Rechten verklärt. Wäre es erlaubt, über die Hegelsche Spekulation zu spekulieren, so könnte man in der Ausweitung des Geistes zur Totalität die auf den Kopf gestellte Erkenntnis vermuten, der

Geist sei gerade kein isoliertes Prinzip, keine sich selbst genügende Substanz, sondern ein Moment der gesellschaftlichen Arbeit, das von der körperlichen getrennte. Körperliche Arbeit aber ist notwendig auf das verwiesen, was sie nicht selbst ist, auf Natur. Ohne deren Begriff kann Arbeit, und schließlich auch deren Reflexionsform, der Geist, so wenig vorgestellt werden wie Natur ohne Arbeit: beide sind unterschieden und durcheinander vermittelt in eins. Die Marxische Kritik des Gothaer Programms benennt um so genauer einen in der Hegelschen Philosophie tief verschlossenen Sachverhalt, je weniger sie als Polemik gegen Hegel gemeint war. Es geht um den allbeliebten Spruch: »Die Arbeit ist die Quelle alles Reichtums und aller Kultur.« Dem wird entgegengehalten: »Die Arbeit ist nicht die Quelle alles Reichtums. Die Natur ist ebensosehr die Quelle der Gebrauchswerte (und aus solchen besteht doch wohl der sachliche Reichtum!) als die Arbeit, die selbst nur die Äußerung einer Naturkraft ist, der menschlichen Arbeitskraft. Jene Phrase findet sich in allen Kinderfibeln und ist insofern richtig, als unterstellt wird, daß die Arbeit mit den dazugehörigen Gegenständen und Mitteln vorgeht. Ein sozialistisches Programm darf aber solchen bürgerlichen Redensarten nicht erlauben, die Bedingungen zu verschweigen, die ihnen allein einen Sinn geben. Und soweit der Mensch sich von vornherein zur Natur, der ersten Quelle aller Arbeitsmittel und -gegenstände, als Eigentümer verhält, sie als ihm gehörig behandelt, wird seine Arbeit Quelle von Gebrauchswerten, also auch von Reichtum. Die Bürger haben sehr gute Gründe, der Arbeit übernatürliche Schöpfungskraft anzudichten; denn gerade aus der Naturbedingtheit der Arbeit folgt, daß der Mensch, der kein andres Eigentum besitzt als seine Arbeitskraft, in allen Gesellschafts- und Kulturzuständen der Sklave der andern Menschen sein muß, die sich zu Eigentümern der gegenständlichen Arbeitsbedingungen gemacht haben.«[13] Darum aber darf Hegel um keinen Preis die Trennung von körperlicher und geistiger Arbeit Wort haben und dechiffriert nicht den Geist als isolierten Aspekt der Arbeit, sondern verflüchtigt umgekehrt die Arbeit in ein Moment des Geistes, wählt gewissermaßen die rhetorische Figur pars pro toto zur Maxime. Losgelöst von dem, was nicht identisch ist mit ihr selber, wird Arbeit zur Ideologie. Die über die Arbeit anderer verfügen, schreiben ihr Würde an sich, jene Absolutheit und Ursprünglichkeit zu, gerade weil die Arbeit nur eine für andere ist. Arbeitsmetaphysik und Aneignung fremder Arbeit sind komplementär. Dies gesellschaftliche Verhältnis diktiert die Unwahrheit an Hegel, die Maskierung des Subjekts als Subjekt-Objekt, die Verleugnung des Nichtidentischen in der Totale, wie sehr jenem auch in der Reflexion jeden partikularen Urteils das Seine wird.

Am krassesten tritt, abgesehen vom Kapitel über Herr und Knecht, erstaunlicherweise das Wesen des Hegelschen produktiven Geistes als Arbeit hervor in der Lehre der Phänomenologie des Geistes von der »natürlichen Religion«, auf deren dritter Stufe erstmals Geistiges zum religiösen Inhalt werde als »Produkt der menschlichen Arbeit«[14]: »Der Geist erscheint also hier als der Werkmeister, und sein Thun, wodurch er sich selbst als Gegenstand hervorbringt, aber den Gedanken seiner noch nicht erfaßt hat, ist ein instinktartiges Arbeiten, wie die Bienen ihre Zellen bauen... Die Krystalle der Pyramiden und Obelisken... sind die Arbeiten dieses Werkmeisters der strengen Form.«[15] Indem von Hegel die Fetischverehrung nicht einfach der Religion als rohes oder entartetes Stadium gegenübergestellt, sondern selbst als notwendiges Moment der Bildung des religiösen Geistes und damit, im Sinn der Subjekt-Objekt-Dialektik der Phänomenologie, des religiösen Gehalts an sich und schließlich des Absoluten bestimmt wird, ist menschliche Arbeit in ihrer dinghaft materiellen Gestalt in die wesentlichen Bestimmungen des Geistes als des Absoluten hineingenommen. Es bedürfte nur eines Geringen – des Gedächtnisses an das zugleich vermittelte und doch unauflösliche Naturalmoment der Arbeit –, und die Hegelsche Dialektik riefe sich selbst beim Namen.

Hat mit der Trennung körperlicher und geistiger Arbeit sich das Privileg die geistige, trotz aller entgegenlautenden Beteuerungen leichtere reserviert, so kehrt jene doch zugleich im geistigen Vorgang, dem durch Imagination vermittelten Nachbild physischen Handelns, mahnend immer wieder; der Geist kann seinem Verhältnis zu der zu beherrschenden Natur nie ganz sich entwinden. Um sie zu beherrschen, gehorcht er ihr; noch seine stolze Souveränität ist mit Leiden erkauft[16]. Die Metaphysik des Geistes aber, die ihn, als die ihrer selbst unbewußte Arbeit, zum Absoluten macht, ist die Affirmation seiner Verstricktheit, der Versuch des auf sich selbst reflektierenden Geistes, den Fluch, dem er sich beugt, indem er ihn weitergibt, in den Segen umzudeuten und zu rechtfertigen. Darin vorab kann die Hegelsche Philosophie des Ideologischen geziehen werden: der ins Unermeßliche überhöhten Auslegung des bürgerlichen Lobs der Arbeit. Die nüchtern realistischen Züge Hegels finden gerade an dieser erhobensten Stelle des idealistischen Systems, dem am Ende der Phänomenologie rauschhaft verkündeten Absoluten, ihre Zuflucht. Gleichwohl hat selbst diese trügende Identifikation der Arbeit mit dem Absoluten ihren triftigen Grund. Soweit die Welt ein System bildet, wird sie dazu eben durch die geschlossene Universalität von gesellschaftlicher Arbeit; diese ist in der Tat die radikale Vermittlung, wie schon zwischen den Menschen und der Natur, so dann im fürsichseienden Geist, der nichts draußen duldet und die Erinnerung an das ächtet, was draußen wäre. Nichts in der Welt, was nicht dem Menschen einzig durch sie hindurch erschiene. Noch die reine Natur, wofern Arbeit keine Macht hat über sie, bestimmt sich eben durch ihr sei's auch negatives Verhältnis zur Arbeit. Erst das Selbstbewußtsein von all dem könnte die Hegelsche Dialektik über sich hinausführen, und dies eine Selbstbewußtsein ist ihr verwehrt: es spräche jenen Namen aus, auf den sie verzaubert ist. Weil nichts gewußt wird, als was durch Arbeit hindurchging, wird die Arbeit, zu Recht und zu Unrecht, zum Absoluten, Unheil zum Heil; darum besetzt jenes Ganze, das der Teil ist, in der Wissenschaft vom erscheinenden Bewußtsein zwangshaft, unausweichlich die Stelle der Wahrheit. Denn die Verabsolutierung der Arbeit ist die des Klassenverhältnisses: eine der Arbeit ledige Menschheit wäre der Herrschaft ledig. Das weiß der Geist, ohne es wissen zu dürfen; das ist das ganze Elend der Philosophie. Der Schritt jedoch, durch den sich die Arbeit zum metaphysischen Prinzip schlechthin aufwirft, ist kein anderer als die folgerechte Eliminierung jenes »Materials«, an das jede Arbeit gebunden sich fühlt, und das ihr selber ihre Grenze vorzeichnet, sie ans Untere gemahnt und ihre Souveränität relativiert. Darum jongliert Erkenntnistheorie so lange, bis das Gegebene die Illusion des selbst vom Geist Erzeugten bereitet. Verschwinden soll, daß auch der Geist noch unterm Zwang von Arbeit steht und selbst Arbeit ist; buchstäblich unterschiebt die große Philosophie den Inbegriff des Zwangs als Freiheit. Widerlegt wird sie, weil die Reduktion des Daseienden auf den Geist nicht gelingen kann, weil die erkenntnistheoretische Position, wie Hegel selber noch wußte, bei ihrer eigenen Durchführung verlassen werden muß; ihre Wahrheit aber hat sie daran, daß keiner aus der durch Arbeit konstituierten Welt in eine andere, unmittelbare hinauszutreten vermag. Die Kritik der Identifikation des Geistes mit der Arbeit läßt sich nur in der Konfrontation seines philosophischen Begriffs mit dem üben, was er eigentlich leistet, nicht im Rekurs auf ein wie immer auch geartetes positiv Transzendierendes.

Der Geist hat es nicht vollbracht. Man weiß, daß der Begriff des Systems in seiner nachdrücklichen Hegelschen Fassung, die ja nicht dem deduktiven Systembegriff der positiven Wissenschaften entspricht, organisch verstanden werden will, als Ineinanderwachsen und Ineinandergewachsensein aller Teilmomente kraft eines Ganzen, das einem jeglichen von ihnen bereits innewohne. Dieser Systembegriff impliziert die zum Alleinschließenden, Absoluten entfaltete Identität von Subjekt und Objekt, und die Wahrheit des Systems stürzt mit jener Identität. Sie aber, die volle Versöhnung durch den Geist inmitten der real antagonistischen Welt, ist bloße Behauptung. Die philosophische Antezipation der Versöhnung frevelt an der realen; was immer ihr widerspricht, schiebt sie als philosophie-unwürdig der faulen Existenz zu. Aber lückenloses System und vollbrachte Versöhnung sind nicht das Gleiche, sondern selber der Widerspruch: die Einheit des Systems rührt her von unversöhnlicher Gewalt. Die vom Hegelschen System begriffene Welt hat sich buchstäblich als System, nämlich das einer radikal vergesellschafteten Gesellschaft, erst heute, nach hundertfünfundzwanzig Jahren, satanisch bewiesen. Zum Großartigsten der Hegelschen Leistung rechnet, daß er aus dem Begriff jenen Systemcharakter der Gesellschaft herauslas, längst ehe dieser im Umkreis von Hegels eigener Erfahrung, dem in der bürgerlichen Entwicklung weit zurückgebliebenen Deutschland, sich durchsetzen konnte. Die durch »Produktion«, durch gesellschaftliche Arbeit nach dem

Tauschverhältnis zusammengeschlossene Welt hängt in allen ihren Momenten von den gesellschaftlichen Bedingungen ihrer Produktion ab und verwirklicht insofern in der Tat den Vorrang des Ganzen über die Teile; darin verifiziert die verzweifelte Ohnmacht eines jeden Individuums heute den überschwenglichen Hegelschen Systemgedanken. Selbst der Kultus des Erzeugens, der Produktion ist nicht nur Ideologie des naturbeherrschenden, schrankenlos selbsttätigen Menschen. In ihm schlägt sich nieder, daß das universale Tauschverhältnis, in dem alles was ist, nur ein Sein für Anderes ist, unter der Herrschaft der über die gesellschaftliche Produktion Verfügenden steht: diese Herrschaft wird philosophisch angebetet. Gerade das Füranderesein, der offizielle Rechtsgrund für die Existenz aller Waren, wird von der Produktion nur mitgeschleppt. Eben die Welt, in der nichts um seiner selbst willen da ist, ist zugleich die des losgelassenen, seiner menschlichen Bestimmung vergessenden Produzierens. Diese Selbstvergessenheit der Produktion, das unersättliche und destruktive Expansionsprinzip der Tauschgesellschaft, spiegelt sich in der Hegelschen Metaphysik. Sie beschreibt, nicht in historischen Durchblicken, sondern wesentlich, wie die Welt eigentlich ist, ohne sich dabei durch die Frage nach der Eigentlichkeit blauen Dunst vorzumachen.

Die bürgerliche Gesellschaft ist eine antagonistische Totalität. Sie erhält einzig durch ihre Antagonismen hindurch sich am Leben und vermag sie nicht zu schlichten. In dem um seiner restaurativen Tendenz, um der Apologie des Bestehenden, um des Staatskults willen verrufensten Hegelschen Werk, der Rechtsphilosophie, ist das unverblümt formuliert. Gerade die Exzentrizitäten Hegels, die provokanten Stellen, die Schuld daran tragen, daß in der westlichen Welt bedeutende Denker wie Veblen, Dewey und auch Santayana ihn mit dem deutschen Imperialismus und Faschismus zusammenwarfen, wären aus dem Bewußtsein des antagonistischen Charakters der Totalität selber abzuleiten. Deshalb ist die Vergötzung des Staats bei Hegel nicht zu bagatellisieren, nicht als bloß empirische Aberration und unwesentliche Zutat zu behandeln. Aber sie ist selbst erzeugt von der Einsicht in das Unschlichtbare der Widersprüche der bürgerlichen Gesellschaft durch deren Selbstbewegung. Entscheidend sind Stellen wie diese: »Es kommt hierin zum Vorschein, daß bei dem Uebermaaße des Reichthums die bürgerliche Gesellschaft nicht reich genug ist, d. h. an dem ihr eigenthümlichen Vermögen nicht genug besitzt, dem Uebermaaße der Armuth und der Erzeugung des Pöbels zu steuern ... Durch diese ihre Dialektik wird die bürgerliche Gesellschaft über sich hinausgetrieben, zunächst diese bestimmte Gesellschaft, um außer ihr in anderen Völkern, die ihr an den Mitteln, woran sie Ueberfluß hat, oder überhaupt an Kunstfleiß u. s. f. nachstehen, Konsumenten und damit die nöthigen Subsistenzmittel zu suchen.«[17] Daß mit dem gesellschaftlichen Reichtum die Armut, nach Hegels altertümlicher Terminologie der »Pauperismus« anwächst, dafür kennt das freie Kräftespiel der kapitalistischen Gesellschaft, deren liberale ökonomische Theorie Hegel akzeptiert hatte, kein Heilmittel, und noch weniger konnte er eine Steigerung der Produktion sich vorstellen, in der die Behauptung, die Gesellschaft sei nicht reich genug an Gütern, zum Hohn ward. Der Staat wird verzweifelt als eine jenseits dieses Kräftespiels stehende Instanz angerufen. Ausdrücklich bezieht sich der Paragraph 249 auf jene unmittelbar vorhergehende, avancierteste Stelle. Sein Anfang lautet: »Die polizeiliche Vorsorge verwirklicht und erhält zunächst das Allgemeine, welches in der Besonderheit der bürgerlichen Gesellschaft enthalten ist, als eine äußere Ordnung und Veranstaltung zum Schutz und Sicherheit der Massen von besonderen Zwecken und Interessen, als welche in diesem Allgemeinen ihr Bestehen haben, so wie sie als höhere Leitung Vorsorge für die Interessen (§ 246), die über diese Gesellschaft hinausführen, trägt.«[18] Er soll beschwichtigen, was sonst nicht zu beschwichtigen wäre. Hegels Staatsphilosophie ist ein notwendiger Gewaltstreich; Gewaltstreich, weil sie die Dialektik sistiert im Zeichen eines Prinzips, dem Hegels eigene Kritik des Abstrakten gebührte, und das denn auch, wie er zumindest andeutet, keineswegs jenseits des gesellschaftlichen Kräftespiels seinen Ort hat: »Die gemeinschaftlichen *besonderen* Interessen, die in die bürgerliche Gesellschaft fallen, und außer dem an und für sich seyenden Allgemeinen des Staats selbst liegen, haben ihre Verwaltung in den Korporationen der Gemeinden und sonstiger Gewerbe und Stände, und deren Obrigkeiten, Vorsteher, Verwalter und dergleichen. Insofern diese Angelegenheiten, die sie besorgen, einer Seits das Privateigenthum und Interesse dieser besondern Sphären sind, und nach dieser Seite ihre Autorität mit auf dem Zutrauen ihrer Standesgenossen und Bürgerschaften beruht, anderer Seits diese Kreise den höheren Interessen des Staats untergeordnet seyn müssen, wird sich für die Besetzung dieser Stellen im Allgemeinen eine Mischung von gemeiner Wahl dieser Interessenten und von einer höheren Bestätigung und Bestimmung ergeben.«[19] Notwendig aber war der Gewaltstreich, weil sonst das dialektische Prinzip über das Bestehende hinausgegriffen und damit die Thesis der absoluten Identität – und nur als verwirklichte ist sie absolut, das ist der Kern der Hegelschen Philosophie – verneint hätte. Nirgends ist die Hegelsche Philosophie der Wahrheit über ihr eigentliches Substrat, die Gesellschaft, nähergekommen als dort, wo sie ihr gegenüber zum Aberwitz wird. Sie ist in der Tat wesentlich negativ: Kritik. Indem Hegel die Transzendentalphilosophie von der Kritik der reinen Vernunft, eben kraft jener Thesis der Identität der Vernunft mit dem Seienden, zur Kritik des Seienden selber, einer jeglichen Positivität weitertreibt, hat er die Welt, deren Theodizee sein Programm bildet, zugleich auch in ihrer Ganzheit, ihrem Zusammenhang als einen Schuldzusammenhang denunziert, worin alles, was besteht, verdient, daß es zugrunde geht. Noch der falsche Anspruch, sie sei gleichwohl die gute, enthält in sich den legitimen, es solle die tatsächliche Welt nicht bloß in der ihr entgegenstehenden Idee, sondern leibhaftig zur guten und versöhnten werden. Geht schließlich das Hegelsche System durch die eigene Konsequenz in die Unwahrheit über, so wird damit nicht sowohl, wie die Selbstgerechtigkeit der positiven Wissenschaften es möchte, das Urteil über Hegel gesprochen als vielmehr das über die Wirklichkeit. Das höhnische »Desto schlimmer für die Tatsachen« wird nur darum so automatisch gegen Hegel mobilisiert, weil es über die Tatsachen den blutigen Ernst aussagt. Er hat diese im Denken denn doch nicht bloß nachkonstruiert, sondern dadurch, daß er sie denkend erzeugte, begriffen und kritisiert: ihre Negativität macht sie stets zu etwas anderem als dem, was sie bloß sind und was sie zu sein behaupten. Das Prinzip des Werdens der Wirklichkeit, wodurch sie mehr ist als ihre Positivität, also der zentrale idealistische Motor Hegels, ist zugleich antiidealistisch, Kritik des Subjekts an der Wirklichkeit, die der Idealismus dem absoluten Subjekt gleichsetzt, nämlich das Bewußtsein des Widerspruchs in der Sache und damit die Kraft der Theorie, mit der diese sich gegen sich selbst kehrt. Mißlingt Hegels Philosophie nach dem höchsten Kriterion, dem eigenen, so bewährt sie sich zugleich dadurch. Die Nichtidentität des Antagonistischen, auf die sie stößt und die sie mühselig zusammenbiegt, ist die jenes Ganzen, das nicht das Wahre, sondern das Unwahre, der absolute Gegensatz zur Gerechtigkeit ist. Aber gerade diese Nichtidentität hat in der Wirklichkeit die Form der Identität, den alleinschließenden Charakter, über dem kein Drittes und Versöhnendes waltet. Solche verblendete Identität ist das Wesen der Ideologie, des gesellschaftlich notwendigen Scheins. Einzig durchs Absolutwerden des Widerspruchs hindurch, nicht durch dessen Milderung zum Absoluten vermöchte er zu zergehen und vielleicht doch einmal zu jener Versöhnung zu finden, die Hegel vorgaukeln mußte, weil ihre reale Möglichkeit ihm noch verhüllt war. In all ihren partikularen Momenten will Hegels Philosophie negativ sein; wird sie aber, entgegen seiner Absicht, zur negativen auch als ganze, so erkennt sie darin die Negativität ihres Objekts. Indem an ihrem Ende die Nichtidentität von Subjekt und Objekt, von Begriff und Sache, von Idee und Gesellschaft unstillbar hervortritt; indem sie in der absoluten Negativität zergeht, holt sie zugleich ein, was sie versprach, und wird wahrhaft mit ihrem verstrickten Gegenstand identisch. Die Ruhe der Bewegung aber, das Absolute, meint am Ende auch bei ihm nichts anderes als das versöhnte Leben, das des gestillten Triebes, das keinen Mangel mehr kennt und nicht die Arbeit, der allein es doch die Versöhnung dankt. Die Wahrheit Hegels hat danach ihren Ort nicht außerhalb des Systems, sondern sie haftet an diesem ebenso wie die Unwahrheit. Denn diese Unwahrheit ist keine andere als die Unwahrheit des Systems der Gesellschaft, die das Substrat seiner Philosophie ausmacht.

Die objektive Wendung, welche der Idealismus in Hegel genommen hat; die Restitution der durch den Kritizismus zerschmetterten spekulativen Metaphysik, die auch Begriffe wie den des Seins wiederherstellt und selbst den ontologischen Gottesbeweis erretten möchte – all das hat dazu ermutigt, Hegel für die Existentialontologie zu reklamieren. Heideggers Interpretation der Einleitung der Phänomenologie in den ›Holzwegen‹ ist dafür das bekannteste, wenn auch keineswegs das erste Zeugnis. Man mag an diesem Anspruch lernen, was die Existentialontologie heute ungern nur hört, ihre Affinität zum transzendentalen Idealismus, den sie durchs Pathos des Seins überwunden wähnt. Während aber, was heute unter dem Namen der Seinsfrage geht, als Moment im Hegelschen System seine Stelle findet, spricht er dem Sein eben jene Absolutheit ab, eben jenes Vorgeordnetsein vor jeglichem Denken und jeglichem Begriff, dessen die jüngste Auferstehung der Metaphysik sich zu bemächtigen hofft. Durch die Bestimmung von Sein als einem wesentlich negativ reflektierten, kritisierten Moment der Dialektik wird Hegels Theorie des Seins unvereinbar mit dessen gegenwärtiger Theologisierung. Kaum irgendwo ist seine Philosophie aktueller, als wo sie den Begriff Sein demontiert. Bereits die Bestimmung des Seins zu Beginn der Phänomenologie sagt das genaue Gegenteil dessen, was heute das Wort suggerieren will: »Die lebendige Substanz ist ferner das Seyn, welches in Wahrheit Subjekt, oder was dasselbe heißt, welches in Wahrheit wirklich ist, nur insofern sie die Bewegung des Sichselbstsetzens, oder die Vermittlung des Sichanderswerdens mit sich selbst ist.«[20] Der Unterschied zwischen dem Sein als Subjekt und dem mit dem bei Hegel noch orthographischen, heute archaischen Ypsilon geschriebenen ist der ums Ganze. Im Gegensatz zu dem Ausgang vom subjektiven Bewußtsein entwickelt dann die Logik, wie man weiß, die Kategorien des Denkens selbst in ihrer Objektivität auseinander und hebt dabei mit dem Begriff des Seins an. Dieser Anfang jedoch begründet keine prima philosophia. Hegels Sein ist das Gegenteil eines Urwesens. Die Unmittelbarkeit; der Schein, Sein sei aller Reflexion, aller Spaltung von Subjekt und Objekt logisch und genetisch vorgeordnet, wird von Hegel nicht dem Seinsbegriff als urtümliche Würde gutgeschrieben, sondern getilgt. Es ist, heißt es sogleich zu Beginn des Teils der Logik, dem das Wort Sein zum Titel dient, das »unbestimmte Unmittelbare«[21], und eben diese Unmittelbarkeit, an welche die Existentialontologie sich klammert, wird um ihrer Unbestimmtheit willen für Hegel, der die Vermitteltheit eines jeglichen Unmittelbaren durchschaute, zum Einwand gegen die Dignität des Seins, zu dessen Negativität schlechthin, zum Motiv jenes dialektischen Schrittes, welcher das Sein dem Nichts gleichsetzt: »In seiner unbestimmten Unmittelbarkeit ist es nur sich selbst gleich ... Es ist die reine Unbestimmtheit und Leere. – Es ist nichts in ihm anzuschauen, wenn von Anschauen hier gesprochen werden kann; oder es ist nur dieß reine, leere Anschauen selbst. Es ist ebenso wenig etwas in ihm zu denken, oder es ist ebenso nur dieß leere Denken. Das Seyn, das unbestimmte Unmittelbare ist in der That Nichts, und nicht mehr noch weniger als Nichts.«[22] Diese Leere aber ist weniger eine ontologische Qualität von Sein als ein Mangel des philosophischen Gedankens, der im Sein terminiert. »Wird Seyn als Prädikat des Absoluten ausgesagt«, schreibt der reifste Hegel in der Enzyklopädie, »so giebt dieß die erste Definition desselben: Das Absolute ist das Seyn. Es ist dieß die (im Gedanken) schlechthin anfängliche, abstrakteste und dürftigste.«[23] Letzte Erbschaft der Husserlschen originär gebenden Anschauung, wird heute der Seinsbegriff als aller Verdinglichung entrückt, als absolute Unmittelbarkeit zelebriert. Hegel hat ihn nicht nur um jener Unbestimmtheit und Leere willen als unanschaulich durchschaut, sondern als einen Begriff, der daran vergißt, daß er Begriff ist, und sich selbst als reine Unmittelbarkeit vermummt; gewissermaßen der dinghafteste von allen. »Beym Seyn als jenem Einfachen, Unmittelbaren wird die Erinnerung, daß es Resultat der vollkommenen Abstraktion, also schon von daher abstrakte Negativität, Nichts, ist, ... zurückgelassen«[24], heißt es an einer etwas späteren Stelle der Logik. Daß aber dabei nicht ein erhabenes Spiel zwischen den Urworten tragiert wird, sondern daß die Kritik am Sein in der Tat Kritik an jeglichem emphatischen Gebrauch dieses Begriffs in der Philosophie meint, läßt sich an Sätzen ablesen, die in der Logik spezifisch gegen Jacobi zugespitzt sind: »Bei dieser ganz abstrakten Reinheit der Kontinuität, d. i. Unbestimmtheit und Leerheit des Vorstellens ist es gleichgültig, diese Abstraktion Raum zu nennen, oder reines Anschauen, reines Denken; – es ist

Alles dasselbe, was der Inder, wenn er äußerlich bewegungslos, und ebenso in Empfindung, Vorstellung, Phantasie, Begierde, u. s. f. regungslos jahrelang nur auf die Spitze seiner Nase sieht, nur Om, Om, Om innerlich in sich, oder gar Nichts spricht, – Brahma nennt. Dieses dumpfe, leere Bewußtseyn ist, als Bewußtseyn aufgefaßt, – das Seyn.«[25] Hegel hat die Anrufung des Seins in ihrer manischen Starrheit als formelhaftes Klappern der Gebetsmühle gehört. Er hat gewußt, was heute trotz allen Geredes vom Konkreten und gerade in der Magie der unbestimmten Konkretion, die keinen Gehalt hat als die eigene Aura, verfälscht und verloren ward: daß Philosophie nicht ihren Gegenstand in den obersten allgemeinen Begriffen um deren vermeintlicher Ewigkeit und Unvergänglichkeit willen suchen darf, die sich dann der eigenen Allgemeinbegrifflichkeit schämen. Er hat, wie nach ihm wohl nur noch der Nietzsche der Götzendämmerung, die Gleichsetzung des philosophischen Gehalts, der Wahrheit mit den höchsten Abstraktionen verworfen und die Wahrheit in eben jene Bestimmungen gesetzt, mit welchen die Hände sich zu beschmutzen die traditionelle Metaphysik zu edel war. Nicht zuletzt in dieser Intention, die am großartigsten in der dichten Beziehung der Stufen des Bewußtseins auf gesellschaftlich-historische Stufen in der Phänomenologie des Geistes waltet, transzendiert bei Hegel der Idealismus sich selber. Was als Anrufung der Urworte, als »Sage« heute über die Dialektik sich zu erheben behauptet, wird erst recht ihre Beute, die Abstraktion, die sich zum an und für sich Seienden aufbläht und die darüber zum schlechthin Inhaltlosen, zur Tautologie herabsinkt, zum Sein, das nichts anderes sagt als immer wieder nur Sein.

Die zeitgenössischen Seinsphilosophien, seit Husserl, sträuben sich gegen den Idealismus. Soviel an ihnen spricht in der Tat den irrevokablen Stand des geschichtlichen Bewußtseins aus: sie registrieren, daß aus der bloßen subjektiven Immanenz, dem Bewußtsein, das was ist nicht entfaltet oder gefolgert werden kann. Aber sie hypostasierten dabei das oberste Resultat subjektiv-begrifflicher Abstraktion, Sein, und sind damit, wie ihrer Stellung zur Gesellschaft, so auch dem theoretischen Ansatz nach, im Idealismus gefangen geblieben, ohne dessen innezuwerden. Nichts überführt sie dessen schlagender als die Spekulationen des Erzidealisten Hegel. Fühlen sich die Restauratoren der Ontologie, wie schon in Heideggers Frühschrift über ein vermeintliches Werk des Duns Skotus, weithin, nämlich mit Hinblick auf die Gesamtkonzeption der abendländischen Metaphysik, der sie später zu entrinnen hoffen, mit Hegel einig, so will in der Tat bei Hegel ein Äußerstes an Idealismus bloße Subjektivität transzendieren, den Verblendungskreis philosophischer Immanenz durchschlagen. Auch bei Hegel meint, einen Ausdruck Emil Lasks auf ein Allgemeineres anzuwenden, der Idealismus über sich hinaus. Hinter der formalen Übereinstimmung mit dem ontologischen Impuls jedoch verstecken sich Differenzen, deren Subtilität eine ums Ganze ist. Die Idee, welche bei Hegel eigentlich gegen den traditionellen Idealismus sich wendet, ist nicht die des Seins, sondern die der Wahrheit. »Daß die Form des Denkens die absolute ist und daß die Wahrheit in ihr erscheint, wie sie an und für sich ist, dieß ist die Behauptung der Philosophie überhaupt.«[26] Die Absolutheit des Geistes, gegenüber jeglichem bloß endlichen, soll die Absolutheit der Wahrheit verbürgen, die dem bloßen Meinen, jeder Intention, jeder subjektiven »Tatsache des Bewußtseins« entrückt sei; das ist die Scheitelhöhe der Hegelschen Philosophie. Wahrheit bleibt ihm kein bloßes Verhältnis von Urteil und Gegenstand, kein Prädikat subjektiven Denkens, sondern soll darüber substantiell sich erheben, eben als ein »An und für sich«. Das Wissen der Wahrheit ist ihm nicht weniger als das Wissen vom Absoluten: darauf will seine Kritik an dem eingrenzenden, Subjektivität und Ansichsein unversöhnlich sondernden Kritizismus hinaus. Dieser habe, heißt es an einer von Kroner angeführten Stelle, dem »Nichtwissen des Ewigen und Göttlichen ein gutes Gewissen gemacht, indem sie [sc. »die sogenannte kritische Philosophie«] versichert, bewiesen zu haben, daß vom Ewigen und Göttlichen nichts gewußt werden könne... Nichts ist der Seichtigkeit des Wissens sowohl als des Charakters willkommener gewesen, nichts so bereitwillig von ihr ergriffen worden als diese Lehre der Unwissenheit, wodurch eben diese Seichtigkeit und Schaalheit für das Vortreffliche, für das Ziel und Resultat alles intellectuellen Strebens ausgegeben worden ist.«[27] Eine solche emphatische Idee von der Wahrheit straft den Subjektivismus Lügen, dessen emsige Sorge, ob auch die Wahrheit wahr genug sei, in der Abschaffung von Wahrheit selber terminiert. Der zur Wahrheit sich entfaltende Inhalt des Bewußtseins ist Wahrheit nicht bloß für das erkennende, sei's auch transzendentale Subjekt. Die Idee der Objektivität von Wahrheit stärkt die Vernunft des Subjekts: es soll ihm möglich, es soll zulänglich sein, während die heutigen Ausbruchsversuche aus dem Subjektivismus der Diffamierung des Subjekts sich verbinden. Als eine der Vernunft aber unterscheidet Hegels Idee sich von der Restauration des absoluten Seinsbegriffs dadurch, daß sie in sich vermittelt ist. Wahrheit an sich ist bei Hegel nicht das »Sein«: gerade in diesem verbirgt sich Abstraktion, die Verfahrungsweise des nominalistisch seine Begriffe herstellenden Subjekts. In Hegels Idee von der Wahrheit jedoch wird das subjektive Moment, das der Relativität, überstiegen, indem es seiner selbst innewird. In dem Wahren ist der Gedanke enthalten, in dem es doch nicht aufgeht; »es ist daher ein Verkennen der Vernunft, wenn die Reflexion aus dem Wahren ausgeschlossen und nicht als positives Moment des Absoluten erfaßt wird«[28]. Nichts vielleicht sagt mehr vom Wesen dialektischen Denkens, als daß das Selbstbewußtsein des subjektiven Moments in der Wahrheit, die Reflexion auf die Reflexion, versöhnen soll mit dem Unrecht, das die zurichtende Subjektivität der an sich seienden Wahrheit antut, indem sie sie bloß meint und das als wahr setzt, was nie ganz wahr ist. Kehrt sich die idealistische Dialektik wider den Idealismus, so darum, weil ihr eigenes Prinzip, ja gerade die Überspannung ihres idealistischen Anspruchs anti-idealistisch zugleich ist. Unterm Aspekt des Ansichseins der Wahrheit nicht weniger als dem der Aktivität des Bewußtseins ist Dialektik ein Prozeß: Prozeß nämlich ist die Wahrheit selber. In immer neuen Wendungen wird das von Hegel hervorgehoben: »die Wahrheit ist die Bewegung ihrer an ihr selbst, jene Methode« – die mathematische – »aber ist das Erkennen, das dem Stoffe äußerlich ist«[29]. Diese Bewegung wird ausgelöst von dem denkenden Subjekt: »es kommt ... alles darauf an, das Wahre nicht als Substanz, sondern ebenso sehr als Subjekt aufzufassen und auszudrücken«[30]. Indem aber in jedem einzelnen Urteil die Sache, der es gilt, mit ihrem Begriff konfrontiert wird und indem darüber jedes einzelne endliche Urteil als unwahr zergeht, führt die subjektive Tätigkeit der Reflexion Wahrheit über den traditionellen Begriff der Anpassung des Gedankens an den Sachverhalt hinaus: Wahrheit läßt sich nicht länger als Qualität von Urteilen dingfest machen. Wohl heißt Wahrheit bei Hegel, ähnlich der herkömmlichen Definition und doch in geheimem Gegensatz zu ihr, »eben Übereinstimmung des Begriffs mit seiner Wirklichkeit«[31]; sie besteht »in der Übereinstimmung des Gegenstandes mit sich selbst d. h. mit seinem Begriff«[32]. Weil aber kein endliches Urteil jene Übereinstimmung je erreicht, wird der Wahrheitsbegriff der prädikativen Logik entrissen und in die Dialektik als ganze verlegt. Es sei, sagt Hegel, »die Meinung auf die Seite zu legen, als ob die Wahrheit etwas Handgreifliches sein müsse«[33]. Die Kritik an der starren Trennung der Momente des Urteils schmilzt die Wahrheit, soweit sie als bloßes Resultat aufgefaßt wird, ein in den Prozeß. Sie zerstört den Schein, als könne Wahrheit überhaupt ein sich Anmessen des Bewußtseins an ein einzelnes ihm gegenüber Befindliches sein: »»Das Wahre und Falsche gehört zu den bestimmten Gedanken, die bewegungslos für eigene Wesen gelten, deren eines drüben, das andere hüben ohne Gemeinschaft mit dem andern isolirt und fest steht. Dagegen muß behauptet werden, daß die Wahrheit nicht eine ausgeprägte Münze ist, die fertig gegeben und so eingestrichen werden kann. Noch giebt es ein Falsches ... Es wird etwas falsch gewußt, heißt, das Wissen ist in Ungleichheit mit seiner Substanz. Allein eben diese Ungleichheit ist das Unterscheiden überhaupt, das wesentliches Moment ist. Es wird aus dieser Unterscheidung wohl ihre Gleichheit, und diese gewordene Gleichheit ist die Wahrheit. Aber sie ist nicht so Wahrheit, als ob die Ungleichheit weggeworfen worden wäre, wie die Schlacke vom reinen Metall, auch nicht einmal so, wie das Werkzeug von dem fertigen Gefäße wegbleibt, sondern die Ungleichheit ist als das Negative, als das Selbst, im Wahren als solchem selbst noch unmittelbar vorhanden.«[34] Gebrochen ist mit der von der gesamten Philosophie vor- und nachgebeteten Lehre von der Wahrheit als einer adaequatio rei atque cogitationis. Durch die Dialektik, das zum Bewußtsein seiner selbst erweckte Verfahren des konsequenten Nominalismus, das einen jeglichen Begriff an seiner Sache überprüft und ihn damit seiner Insuffizienz überführt, leuchtet eine Platonische Idee von der Wahrheit auf. Nicht als unmittelbar anschauliche, evidente ist diese Idee behauptet, sondern wird erwartet von eben jener Insistenz der denkenden Arbeit, welche herkömmlicherweise bei der Kritik des Platonismus stehenbleibt: auch die philosophische Vernunft hat ihre List. Einzig dadurch, daß die Forderung nach Wahrheit den gleichwohl unabdingbaren Wahrheitsanspruch eines jeglichen beschränkten und deshalb unwahren Urteils zu Protest gehen läßt; daß sie die subjektive adaequatio durch Selbstreflexion verneint, geht Wahrheit von sich aus in eine objektive, nicht länger nominalistisch reduktible Idee über. Stets wieder wird denn auch von Hegel die Bewegung, welche die Wahrheit sein soll, als »Eigenbewegung« interpretiert, die von den Urteilssachverhalten her ebenso motiviert ist wie von der denkenden Synthese. Daß das Subjekt sich nicht bei der bloßen Angemessenheit seiner Urteile an Sachverhalte bescheiden muß, rührt daher, daß das Urteil keine bloß subjektive Tätigkeit, daß Wahrheit selber keine bloße Urteilsqualität ist, sondern daß in ihr immer zugleich auch das sich durchsetzt, was, ohne isolierbar zu sein, aufs Subjekt nicht sich zurückführen läßt und was die traditionellen idealistischen Erkenntnistheorien als bloßes X glauben vernachlässigen zu dürfen. Wahrheit entäußert sich ihrer Subjektivität: weil kein subjektives Urteil wahr sein kann und doch ein jegliches muß wahr sein wollen, transzendiert Wahrheit zum An sich. Als derart übergehende jedoch, so wenig bloß »gesetzte« wie bloß »enthüllte«, ist sie unvereinbar auch mit dem von Ontologie Erfragten. Die Hegelsche Wahrheit ist weder mehr, wie die nominalistische es war, in der Zeit, noch nach ontologischer Manier über der Zeit: Zeit wird für Hegel ein Moment von ihr selber. Wahrheit, als Prozeß, ist ein »Durchlaufen aller Momente« im Gegensatz zum »widerspruchslosen Satz« und hat als solche einen Zeitkern. Das liquidiert jene Hypostasis der Abstraktion und des sich selbst gleichenden Begriffs, welche die traditionelle Philosophie beherrscht. Hat die Hegelsche Bewegung des Begriffs in gewissem Sinne den Platonismus wiederhergestellt, so ist doch dieser Platonismus zugleich von seiner Statik, seinem mythischen Erbe geheilt und hat alle Spontaneität des befreiten Bewußtseins in sich aufgenommen. Wenn aber am Ende Hegel der Thesis von der Identität und damit dem Idealismus trotz allem verhaftet bleibt, so ist, zu einer Stunde des Geistes, da anders als vor hundert Jahren Konformität diesen fesselt, die längst wohlfeil gewordene Kritik des Idealismus, die damals der Übergewalt des Hegelschen erst abzuzwingen war, an ein Wahrheitsmoment noch jener Identitätsthese zu erinnern. Gäbe es, Kantisch gesprochen, kein Ähnliches zwischen Subjekt und Objekt, stünden beide einander, nach dem Wunsch des losgelassenen Positivismus, absolut, unvermittelt entgegen, so gäbe es nicht nur keine Wahrheit, sondern keine Vernunft, keinen Gedanken überhaupt. Das Denken, das seinen mimetischen Impuls völlig exstirpiert hätte; die Art von Aufklärung, welche die Selbstreflexion nicht vollzieht, die den Inhalt des Hegelschen Systems bildet und die Verwandtschaft von Sache und Gedanken nennt, mündete in den Wahnsinn. Das absolut beziehungslose Denken, als vollkommener Gegensatz zur Identitätsphilosophie; jenes, das einen jeglichen Anteil des Subjekts, eine jegliche »Besetzung«, jeglichen Anthropomorphismus von dem Objekt abzieht, ist das Bewußtsein des Schizophrenen. Seine Sachlichkeit triumphiert im pathischen Narzißmus. Der Hegelsche spekulative Begriff errettet die Mimesis durch die Besinnung des Geistes auf sich selbst: Wahrheit ist nicht adaequatio sondern Affinität, und am untergehenden Idealismus wird, durch Hegel, dies Eingedenken der Vernunft an ihr mimetisches Wesen als ihr Menschenrecht offenbar.

Es ließe daraus der Einwand sich ableiten, Hegel, der Platonische Realist und absolute Idealist, habe in der Hypostasis des Geistes dem Begriffsfetischismus nicht weniger gefrönt, als es heute im Namen des Seins geschieht. Das Urteil indessen, das auf diese Ähnlichkeit pocht, bliebe selbst abstrakt. Mag immer das abstrakte Denken und das abstrakte Sein, wie es zu Beginn der abendländischen Philosophie in einem freilich umstrittenen Vers aus dem Gedicht des Parmenides heißt, dasselbe sein, der Stellenwert des ontologischen Begriffs Sein und des Hegelschen der Vernunft ist verschieden. Beide Kategorien haben an der geschichtlichen Dynamik teil. Es ist, auch von Kroner, versucht worden, Hegel, um seiner Kritik am endlichen und beschränkten Reflek-

tieren willen, unter die Irrationalisten einzureihen, und es gibt
Äußerungen von Hegel, auf die man sich dabei berufen kann,
wie jene, die Spekulation stände gleich dem unmittelbaren Glauben wider die Reflexion. Aber wie Kant in den drei Kritiken hält
entscheidend auch er Vernunft fest als Eines, als Vernunft, Ratio, Denken. Noch die Bewegung, die über alle endlichen Denkbestimmungen hinausführen soll, ist eine selbstkritische des Denkens: der spekulative Begriff ist weder Intuition noch »kategoriale Anschauung«. Die Stringenz von Hegels Versuch der Rettung des ontologischen Gottesbeweises gegen Kant mag bezweifelt werden. Aber was ihn dazu bewog, war nicht der Wille zur
Verdunkelung der Vernunft, sondern im Gegenteil die utopische
Hoffnung, daß der Block, die »Grenzen der Möglichkeit der Erfahrung« nicht das Letzte sei; daß es doch, wie in der Schlußszene
des Faust, gelinge: daß in all seiner Schwäche, Bedingtheit und
Negativität der Geist der Wahrheit ähnele und darum zur Erkenntnis der Wahrheit tauge. Ward einmal, mit Grund, die Vermessenheit der Hegelschen Lehre vom absoluten Geist hervorgehoben, so kehrt heute, da der Idealismus von allen und am meisten von den geheimen Idealisten diffamiert wird, an der Vorstellung von der Absolutheit des Geistes ein heilsames Korrektiv
sich hervor. Es richtet die lähmende Resignation des gegenwärtigen Bewußtseins, das immerzu bereit ist, aus eigener Schwäche
nochmals die Erniedrigung zu bekräftigen, die ihm durch die
Übergewalt des blinden Daseins angetan wird. »Im sogenannten
ontologischen Beweise vom Daseyn Gottes ist es dasselbe Umschlagen des absoluten Begriffes in das Seyn, was die Tiefe der
Idee in der neuern Zeit ausgemacht hat, was aber in der neuesten
Zeit für das Unbegreifliche ausgegeben worden ist, – wodurch
man denn, weil nur die Einheit des Begriffs und des Daseyns die
Wahrheit ist, auf das Erkennen der Wahrheit Verzicht geleistet
hat.«[35]
Wenn die Hegelsche Vernunft sich dagegen wehrt, bloß subjektiv und negativ zu sein, und immer wieder als Sprecherin des
dieser subjektiven Vernunft Entgegengesetzten fungiert, ja mit
Gusto am Vernunftwidrigen die Vernunft aufspürt, so will Hegel nicht bloß den Aufbegehrenden dadurch zum Gehorsam verhalten, daß er ihm das Heteronome und Entfremdete schmack-

haft macht, wie wenn es seine eigene Sache wäre; auch nicht bloß ihn darüber belehren, daß es nichts nütze, wider den Stachel zu löcken. Sondern Hegel hat bis ins Innerste gespürt, daß nur durch jenes Entfremdete, nur gleichsam durch die Übermacht der Welt über das Subjekt hindurch die Bestimmung des Menschen überhaupt sich realisieren kann. Er soll noch die ihm feindlichen Mächte sich zueignen, gewissermaßen in sie hineinschlüpfen. Hegel hat in der Geschichtsphilosophie die List der Vernunft eingeführt, um plausibel zu machen, wie die objektive Vernunft, die Verwirklichung der Freiheit, vermöge der blinden, unvernünftigen Leidenschaften der historischen Individuen gelingt. Diese Konzeption verrät etwas vom Erfahrungskern des Hegelschen Denkens. Es ist listig insgesamt; es erhofft sich den Sieg über die Übergewalt der Welt, die es ohne Illusion durchschaut, davon, daß es diese Übergewalt gegen sie selber wendet, bis sie ins Andere umschlägt. Hegel definiert in dem von Eckermann überlieferten Gespräch mit Goethe, in dem er Farbe bekannte wie selten sonst, die Dialektik als den organisierten Widerspruchsgeist. Darin ist nicht zuletzt jene Art von List mitbenannt, etwas von grandioser Bauernschlauheit, die so lange gelernt hat, unter den Mächtigen sich zu ducken und ihrem Bedürfnis sich anzuschmiegen, bis sie ihnen die Macht entwinden kann: die Dialektik von Herrschaft und Knechtschaft aus der Phänomenologie plaudert das aus. Bekannt ist, daß Hegel sein Leben lang, auch als angeblich preußischer Staatsphilosoph, vom Schwäbischen nicht abließ, und die Berichte über ihn notieren stets wieder staunend die bei dem ausnehmend schwierigen Schriftsteller überraschende Einfachheit des Wesens. Unbeirrt hielt er der Herkunft die Treue, Bedingung eines starken Ichs und jeglicher Erhebung des Gedankens. Gewiß spielt auch ein unaufgelöstes Moment falscher Positivität herein: er fixiert das je Gegebene, worin er sich nun einmal findet, so wie einer, der glaubt, seine Würde zu bekräftigen, indem er durch Geste oder Wort bekundet, er sei ein geringer Mann. Aber jene Naivetät des Unnaiven, die im System ihre Entsprechung hat an der Wiederherstellung von Unmittelbarkeit auf allen seinen Stufen, bezeugt doch wiederum geniale Verschlagenheit, zumal dem dumm perfiden Vorwurf des Gekünstelten und Überspitzten gegenüber, der seitdem unverdrossen gegen je-

den dialektischen Gedanken nachgeplappert wird. In der Naivetät des Gedankens, der seinem Gegenstand so nahe ist, als wäre er auf Du mit ihm, hat der sonst, nach Horkheimers Wort, so erwachsene Hegel ein Stück Kindheit sich gerettet, die Courage zur Schwäche, der ihr Ingenium eingibt, sie überwinde schließlich doch das Härteste.
Freilich ist auch unter diesem Aspekt die Hegelsche Philosophie, dialektischer vielleicht als sie selbst vermeint, auf des Messers Schneide. Denn so wenig sie »auf das Erkennen der Wahrheit Verzicht« leisten will, so unleugbar ist gleichwohl ihr resignativer Zug. Bestehendes möchte sie eben doch als vernünftig rechtfertigen und die Reflexion, die dagegen sich sträubt, mit jener Überlegenheit abfertigen, die darauf pocht, wie schwer die Welt sei, und daraus die Weisheit zieht, sie lasse sich nicht verändern. Wenn irgendwo, war Hegel an dieser Stelle bürgerlich. Selbst darüber zu Gericht zu sitzen indessen wäre subaltern. Die fragwürdigste und darum auch verbreiteteste seiner Lehren, die, das Wirkliche sei vernünftig, war nicht bloß apologetisch. Sondern Vernunft findet sich bei ihm in Konstellation mit Freiheit. Freiheit und Vernunft sind Nonsens ohne einander. Nur soweit das Wirkliche transparent auf die Idee der Freiheit, also die reale Selbstbestimmung der Menschheit ist, kann es für vernünftig gelten. Wer dies Erbe der Aufklärung aus Hegel eskamotiert und eifert, daß seine Logik eigentlich mit der vernünftigen Einrichtung der Welt nichts zu tun habe, verfälscht ihn. Noch wo er in seiner späteren Zeit das Positive, das er in seiner Jugend angriff: das was einmal ist, verteidigt, appelliert er an die Vernunft, die jenes bloß Seiende als mehr denn bloß seiend, unter dem Aspekt des Selbstbewußtseins und der Selbstbefreiung der Menschen, begreift. So wenig der absolute Idealismus von seinem subjektiven Ursprung in der selbsterhaltenden Vernunft des Einzelnen kann losgerissen werden, so wenig auch ihr objektiver Vernunftbegriff; schon in Kants Geschichtsphilosophie schlägt Selbsterhaltung kraft der eigenen Bewegung in Objektivität, in »Menschheit«, in eine richtige Gesellschaft um. Das allein hat Hegel dazu vermocht, die subjektive Vernunft, notwendiges Moment des absoluten Geistes, als das zugleich Allgemeine zu bestimmen. Die Vernunft des je Einzelnen, mit dem die Hegelsche Bewegung des

Begriffs in der Dialektik der sinnlichen Gewißheit anhebt, ist, auch wenn sie es nicht weiß, immer bereits potentiell die Vernunft der Gattung. Soviel ist wahr auch an jener sonst unwahren Lehre der Idealisten, welche das transzendentale Bewußtsein, das die Abstraktion von individuellem ist, trotz seiner genetischen und logischen Verwiesenheit auf dieses als Ansichseiendes und Substantielles installiert. Der Janus-Charakter der Hegelschen Philosophie offenbart sich vorab an der Kategorie des Individuellen. Er durchschaut so gut wie der Antipode Schopenhauer das Moment des Scheins an der Individuation, die Verstocktheit des Beharrens auf dem, was man bloß selber ist, die Enge und Partikularität des Einzelinteresses, aber er hat dennoch die Objektivität oder das Wesen nicht ihrer Beziehung zum Individuum und zum Unmittelbaren enteignet: das Allgemeine ist immer zugleich das Besondere und das Besondere das Allgemeine. Indem die Dialektik dies Verhältnis auseinanderlegt, wird sie dem gesellschaftlichen Kraftfeld gerecht, in dem alles Individuelle vorweg bereits gesellschaftlich präformiert ist und in dem doch nichts anders als durch die Individuen hindurch sich realisiert. So wenig wie Subjekt und Objekt sind die Kategorien von Besonderem und Allgemeinem, von Individuum und Gesellschaft stillzustellen, oder auch nur der Prozeß zwischen beiden als einer zwischen sich selbst gleichbleibenden Polen zu deuten: der Anteil beider Momente, ja was sie überhaupt sind, ist nur in der historischen Konkretion auszumachen. Wird gleichwohl in der Konstruktion der Hegelschen Philosophie das Allgemeine, gegenüber der Hinfälligkeit des Individuums Substantielle, schließlich Institutionelle aufs schwerste akzentuiert, so spricht auch daraus mehr als das Einverständnis mit dem Weltlauf, mehr als der billige Trost über die Hinfälligkeit der Existenz, sie sei eben bloß hinfällig. Während Hegels Philosophie die vollste Konsequenz aus dem bürgerlichen Subjektivismus zieht, also eigentlich die ganze Welt als Produkt von Arbeit – wenn man will als Ware – begreift, vollzieht er zugleich die schärfste Kritik an Subjektivität, weit über die Fichtesche Unterscheidung von Subjekt und Individuum hinaus. Das bei diesem abstrakt gesetzte Nicht-Ich wird von Hegel selbst entwickelt, der Dialektik unterworfen, konkret, und damit nicht nur generell sondern in seiner ganzen inhaltlichen

Bestimmtheit zur Einschränkung des Subjekts. Während Hegels Lehre noch von Heine, sicherlich nicht dem Unverständigsten seiner Hörer, vorwiegend als Geltendmachen der Individualität aufgefaßt werden konnte, findet diese in zahllosen Schichten des Systems sich bis zur Mißachtung traktiert. Das aber spiegelt die Zweideutigkeit der in Hegel wahrhaft zum Selbstbewußtsein gelangten bürgerlichen Gesellschaft der Individualität gegenüber wider. Der Mensch als fesselloses Produzierender erscheint der bürgerlichen Gesellschaft autonom, Erbe des göttlichen Gesetzgebers, virtuell allmächtig. Das Einzelindividuum aber, in dieser Gesellschaft in Wahrheit bloßer Agent des gesellschaftlichen Produktionsprozesses, dessen eigene Bedürfnisse von diesem Prozeß gleichsam nur mitgeschleift werden, gilt darum zugleich auch als ganz ohnmächtig und nichtig. Im unaufgelösten Widerspruch zum Pathos des Humanismus befiehlt Hegel ausdrücklich und unausdrücklich den Menschen, als gesellschaftlich notwendige Arbeit Verrichtende einer ihnen fremden Notwendigkeit sich zu unterwerfen. Er verkörpert damit theoretisch die Antinomie des Allgemeinen und Besonderen in der bürgerlichen Gesellschaft. Aber indem er sie rücksichtslos formuliert, macht er sie durchsichtiger als je zuvor und kritisiert sie noch als ihr Verteidiger. Weil Freiheit die der realen einzelnen Individuen wäre, verschmäht er deren Schein, das Individuum, das inmitten der allgemeinen Unfreiheit sich geriert, als wäre es schon frei und allgemein. Dem Hegelschen Vertrauen auf die theoretische Vernunft, es sei ihr doch möglich, kommt das Wissen gleich, daß nur dann die Vernunft Hoffnung hat, sich zu verwirklichen, vernünftige Wirklichkeit zu werden, wenn sie den Hebelpunkt zeigt, von dem aus die uralte Last, der Mythos, aus den Angeln zu heben ist. Die Last ist das bloß Seiende, das schließlich im Individuum sich verschanzt; der Hebelpunkt dessen Vernunft als die des Seienden selber. Die Hegelsche Apologetik und Resignation ist die bürgerliche Charaktermaske, welche die Utopie vorgebunden hat, um nicht sogleich erkannt und ereilt zu werden; um nicht in der Ohnmacht zu verbleiben.

Wie wenig Hegels Philosophie im Begriff der Bürgerlichkeit sich erschöpft, wird am sinnfälligsten vielleicht in seiner Stellung zur Moral. Sie bildet ein Moment der Kritik, welche er an der Kategorie der Individualität überhaupt übt. Er hat als erster wohl, in der Phänomenologie, ausgesprochen, daß der Riß zwischen Ich und Welt durchs Ich selber nochmals hindurchgeht; daß er sich, nach Kroners Worten[36], ins Individuum hinein fortsetzt und es spaltet nach der objektiven und subjektiven Vernünftigkeit seines Wollens und Tuns. Früh hat er gewußt, daß das Individuum selbst sowohl ein gesellschaftlich Funktionierendes, durch die »Sache«, nämlich seine Arbeit Bestimmtes, wie ein Wesen für sich selbst, mit spezifischen Neigungen, Interessen und Anlagen ist, und daß diese beiden Momente auseinanderweisen. Dadurch aber wird das rein moralische Handeln, in dem das Individuum ganz und gar sich selbst zu gehören und sich selbst das Gesetz zu geben wähnt, zweideutig, zum Selbstbetrug. Hat die moderne analytische Psychologie erkannt, daß, was der Einzelmensch über sich denkt, scheinhaft, in weitem Maß bloße »Rationalisierung« ist, so hat sie ein Stück Hegelscher Spekulation nach Hause gebracht. Den Übergang des reinen moralischen Selbstbewußtseins zur Heuchelei, der dann bei Nietzsche schlechterdings der kritische Angriffspunkt der Philosophie wird, leitete Hegel aus dem Moment seiner objektiven Unwahrheit ab. Formulierungen wie die der Phänomenologie vom »harten Herzen«, das da auf die Reinheit des Pflichtgebotes pocht, fallen gewiß historisch noch in den Zusammenhang der nach-Kantischen, etwa Schillerschen Kritik an der rigorosen Kantischen Ethik, präludieren aber zugleich bereits Nietzsches Lehre vom Ressentiment, von der Moral als »Rache«. Der Satz Hegels, daß es kein moralisch Wirkliches gebe, ist kein bloßes Durchgangsmoment zu seiner Lehre von der objektiven Sittlichkeit. In ihm bricht bereits die Erkenntnis durch, daß das Moralische sich keineswegs von selbst versteht, daß das Gewissen richtiges Handeln nicht gewährleistet und daß die reine Selbstversenkung des Ichs in das, was zu tun oder nicht zu tun sei, in Widersinn und Eitelkeit verstrickt. Hegel verfolgt einen Impuls der radikalen Aufklärung weiter. Er setzt das Gute dem empirischen Leben nicht als abstraktes Prinzip, als sich selbst genügende Idee entgegen, sondern bindet es dem eigenen Gehalt nach an die Herstellung eines richtigen Ganzen – an eben das, was in der Kritik der praktischen Vernunft unter dem Namen der Menschheit auftritt. Damit transzendiert Hegel die bürgerliche Trennung des Ethos als einer zwar unbedingt verpflichtenden, aber lediglich fürs Subjekt geltenden Bestimmung von der angeblich nur empirischen Objektivität der Gesellschaft. Das ist eine der großartigsten Perspektiven der Hegelschen Vermittlung des Apriori und des Aposteriori. Ungeahnt die Schärfe der Formulierung: »Die Bezeichnung eines Individuums als eines Unmoralischen fällt, indem die Moralität überhaupt unvollendet ist, an sich hinweg, hat also nur einen willkürlichen Grund. Der Sinn und Inhalt des Urtheils der Erfahrung ist dadurch allein dieser, daß einigen die Glückseligkeit an und für sich nicht zukommen sollte, d. h. er ist Neid, der sich zum Deckmantel die Moralität nimmt. Der Grund aber, warum Andern das so genannte Glück zu Theil werden sollte, ist die gute Freundschaft, die ihnen und sich selbst diese Gnade, d. h. diesen Zufall gönnt und wünscht.«[37] So hätte kein bloßer Bürger geredet. Zur bürgerlichen Verherrlichung des Bestehenden gehört immer auch der Wahn hinzu, daß das Individuum, das rein Fürsichseiende, als welches im Bestehenden das Subjekt sich selbst notwendig erscheint, des Guten mächtig sei. Ihn hat Hegel zerstört. Seine Kritik an der Moral ist unversöhnlich mit jener Apologetik der Gesellschaft, welche, um sich in ihrer eigenen Ungerechtigkeit am Leben zu erhalten, der moralischen Ideologie des Einzelnen, seines Verzichtes auf Glück bedarf.

Ist einmal das Cliché von Hegels Bürgerlichkeit durchschaut, so wird man auch nicht länger mehr der Suggestion von Schopenhauer und dann von Kierkegaard erliegen, welche die Person Hegels als konformistisch, unbeträchtlich abtun und nicht zuletzt daraus ihr Verdikt gegen seine Philosophie herleiten. Zu seiner Ehre war Hegel kein existentieller Denker in dem von Kierkegaard inaugurierten und heute zur selbstgefälligen Phrase verderbten Sinn. Daß die jüngste und mittlerweile schon fadenscheinige Lesart des Persönlichkeitskults nicht auf ihn paßt, degradiert ihn nicht zu dem wohlbestallten, unbekümmert ums Leiden der Menschen dozierenden Professor, als den Kierkegaard und Schopenhauer ihn mit so viel Erfolg bei der Nachwelt angeschwärzt haben, nachdem Schopenhauer persönlich Hegel gegenüber unendlich viel weniger Humanität und Largesse bekundete als der Ältere, der ihn habilitierte, obwohl er im Colloquium in einem törichten Wortstreit sich gegen den Philosophen arrogant als gediegener, naturwissenschaftlich kompetenter Forscher aufspielte. Hegels Kritik hat jene Vorstellung von Existenz, die gegen ihn auftrumpft, überflügelt, längst ehe Existenz, der philosophierende Mensch und seine Eigentlichkeit, sich in die Brust warf und dann auch akademisch etablierte. Wie die bloße empirische Person dessen, der denkt, hinter der Gewalt und Objektivität des Gedankens, den er denkt, zurückbleibt, wann immer der Gedanke einer ist, so ist der Anspruch der Wahrheit eines Gedankens nicht dessen abbildliche Angemessenheit an den Denkenden, nicht die armselige Wiederholung dessen, was er ohnehin ist. Sondern solcher Anspruch bewährt sich an dem, was über die Befangenheit im bloßen Dasein hinausgeht, und worin der einzelne Mensch, damit es endlich gelinge, sich seiner selbst entäußert. Von dieser Entäußerung zeugt Hegels leidvolle Gebärde, das zerdachte Antlitz dessen, der sich buchstäblich zu grauer Asche verbrennt. Hegels bürgerliche Unscheinbarkeit ist der unermeßlichen, mit der eigenen Unmöglichkeit gezeichneten Anstrengung, das Unbedingte zu denken, zum Guten angeschlagen – einer Unmöglichkeit, die Hegels Philosophie als Inbegriff von Negativität selbst in sich reflektiert. Demgegenüber ist der Appell an Echtheit, Wagnis, Grenzsituation bescheiden. Wenn es wahrhaft des denkenden Subjekts in der Philosophie bedarf; wenn ohne jenes Element, das heute unter dem Warenzeichen des Existentiellen gehandelt wird, keine Einsicht in die Objektivität der Sache selbst geraten kann, dann legitimiert jenes Moment sich nicht, wo es sich affichiert, sondern wo es kraft der von der Sache ihm auferlegten Disziplin seine Selbstsetzung zerbricht und in der Sache erlischt. Das ist die Bahn Hegels wie kaum die eines anderen. Im gleichen Augenblick aber, wo das existentielle Moment sich selbst als Grund der Wahrheit behauptet, wird es schon zur Lüge. Auch ihr gilt Hegels Haß gegen die, welche der Unmittelbarkeit ihrer Erfahrung das Recht der ganzen Wahrheit zuwogen.

Unvergleichlich die Fülle von Erfahrung, von der bei ihm der Gedanke zehrt: sie ist in den Gedanken selber geschlagen, nirgends als bloßer Stoff, als »Material« oder gar als Beispiel und Beleg ihm äußerlich. Der abstrakte Gedanke wird durch das Erfahrene, der bloße Stoff durch den Zug des Denkens ins Lebendige zurückverwandelt: an jedem Satz der Phänomenologie des Geistes wäre das zu demonstrieren. Was man an Künstlern meist zu Unrecht rühmt, war ihm in der Tat beschieden: Sublimierung; er wahrhaft hat das Leben am farbigen Abglanz, an der Wiederholung im Geiste. Aber man darf sich die Sublimierung bei Hegel keineswegs als eins mit Verinnerlichung vorstellen. Seine Lehre von der Entäußerung, wie die Kritik der fürsichseienden und verblendeten, »eitlen« Subjektivität, die er einen Sinnes mit Goethe übt, und die über den Idealismus hinausdrängt, ist der Verinnerlichung entgegengesetzt, und auch die Person zeigt von dieser kaum die Spur. Der Mensch Hegel hat, wie das Subjekt seiner Lehre, im Geist beides, Subjekt und Objekt in sich hineingesaugt: das Leben seines Geistes ist in sich das volle Leben noch einmal. Sein Zurücktreten vom Leben ist daher mit der Ideologie der Gelehrten-Entsagung nicht zu verwechseln. Als sublimierter Geist tönt die Person vom Auswendigen, Leibhaftigen so wie nur große Musik: Hegels Philosophie rauscht. Wie bei seinem ihm hörigen Kritiker Kierkegaard könnte man von einem spirituellen Leib reden. Seine Braut, die Baronesse Maria von Tucher, verübelte ihm, daß er einem Brief, den sie an Hegels Schwester geschrieben hatte, die Worte hinzufügte: »Du siehst daraus, wie glücklich ich für mein ganzes übriges Wesen mit ihr sein kann, und wie glücklich mich solcher Gewinn einer Liebe, auf den ich mir kaum noch Hoffnung in der Welt machte, bereits schon macht, insofern Glück in der Bestimmung meines Lebens liegt.«[38] Diese privaten Worte sind der ganze antiprivate Hegel. Ihr Gedanke kleidet sich später im Zarathustra in die poetisierende Form: »Trachte ich denn nach Glück? Ich trachte nach meinem Werke«. Aber die fast geschäftsmännische Trockenheit und Nüchternheit, zu der bei Hegel das Äußerste an Pathos zusammenschrumpft, verleiht dem Gedanken eine Würde, die er einbüßt, sobald er das eigene Pathos mit Trompeten instrumentiert. Die Bestimmung jenes Lebens haftet am Gehalt seiner Philosophie. Keine war abgründiger im Reichtum, keine erhielt sich so unbeirrbar inmitten der Erfahrung, der sie sich ohne Reservat anvertraute; noch die Male ihres Mißlingens sind geschlagen von der Wahrheit selber.

Erfahrungsgehalt

Von einigen Modellen geistiger Erfahrung soll gehandelt werden, wie sie sachlich – nicht etwa biographisch und psychologisch – die Hegelsche Philosophie motiviert und ihren Wahrheitsgehalt ausmacht. Der Begriff Erfahrung bleibt dabei zunächst in der Schwebe: konkretisieren kann ihn allein die Darstellung. Er zielt nicht auf phänomenologische »Urerfahrung«; auch nicht, wie die Hegelinterpretation in Heideggers Holzwegen, auf Ontologisches, aufs »Wort des Seins«, aufs »Sein des Seienden«[1]; nichts dergleichen wäre, nach Hegels eigener Lehre, aus dem Fortgang des Gedankens herauszudestillieren. Nie hätte sein Gedanke Heideggers Anspruch gebilligt, »der jeweils dem Bewußtsein in der Geschichte seiner Bildung entstehende neue Gegenstand« sei »nicht irgend ein Wahres und Seiendes, sondern die Wahrheit des Wahren, das Sein des Seienden, das Erscheinen des Erscheinenden«[2]; nie hätte er das dann Erfahrung getauft: statt dessen ist bei Hegel das Jeweilige, worauf Erfahrung geht, der bewegende Widerspruch solcher absoluten Wahrheit. Nichts werde gewußt, »was nicht in der Erfahrung ist«[3] – also auch nicht jenes Sein, in welches die Existentialontologie den Grund dessen verlagert, was ist und erfahren wird. Sein und Grund sind bei Hegel »Reflexionsbestimmungen«, vom Subjekt unabtrennbare Kategorien wie bei Kant. Mit Hegels Fassung von Erfahrung als »dialektische[r] Bewegung, welche das Bewußtseyn an ihm selbst, sowohl an seinem Wissen, als an seinem Gegenstande ausübt, insofern ihm der neue wahre Gegenstand daraus entspringt«[4], wäre die Supposition von Erfahrung als einer Weise des Seins, als eines vorsubjektiv »Ereigneten« oder »Gelichteten« schlechterdings unvereinbar.

Gemeint sind aber auch nicht empirische Einzelbeobachtungen, die in Hegels Philosophie synthetisch verarbeitet würden. Thematisch sind Erfahrungsgehalte der Hegelschen Philosophie, nicht Erfahrungsgehalte in der Hegelschen Philosophie. Eher trifft das Intendierte, was Hegel in der Einleitung zum System der Philosophie die »Stellung des Gedankens zur Objektivität« nennt – die seines eigenen. Versucht wird, in mögliche gegenwärtige Erfahrung zu übersetzen, was ihm wesentlich aufging, was er an der Welt gesehen hat, noch diesseits der überlieferten Kategorien der Philosophie, auch der Hegelschen, und ihrer Kritik. Die Kontroverse über die geistesgeschichtliche Priorität theologischer oder gesellschaftspolitischer Motive in Hegels Biographie bleibt außer Betracht. Das Interesse gilt nicht dem, wie Hegel, subjektiv, zu dieser oder jener Lehre gelangte, sondern, in Hegelschem Geiste, dem Zwang des objektiv Erscheinenden, das in seiner Philosophie sich reflektierte und niederschlug. Abgesehen wird auch von dem, was als seine historische Leistung kodifiziert ist: von der Konzeption des Entwicklungsbegriffs und dessen Verbindung mit der seit Platon und auch Aristoteles statischen Metaphysik ebenso wie von all dem, was in die Einzelwissenschaften floß. Gefragt wird danach, was seine Philosophie als Philosophie ausdrückt: was seine Substanz nicht zuletzt darin hat, daß es in einzelwissenschaftlichen Befunden nicht sich erschöpft.

Der Rekurs darauf dünkt an der Zeit. Die Tradition zumindest des nach-Kantischen deutschen Idealismus, der in Hegel seine verbindlichste Gestalt fand, ist verblaßt, vielfach die Terminologie weit entrückt. Hegels Ansatz steht insgesamt quer zum Programm unmittelbaren Hinnehmens des sogenannten Gegebenen als unverrückbarer Basis von Erkenntnis. Jenes Programm ward seit Hegels Tagen keineswegs bloß im Positivismus, sondern auch in dessen authentischen Gegnern, wie Bergson und Husserl, fast selbstverständlich. Je weniger die allgegenwärtigen Vermittlungsmechanismen des Tausches an menschlicher Unmittelbarkeit mehr dulden, desto eifriger beteuert willfährige Philosophie, sie besäße im Unmittelbaren den Grund der Dinge. Solcher Geist hat in der dinghaften Wissenschaft wie in deren Opponenten über die Spekulation triumphiert. Nicht haben dabei, wie ästhetisierende und psychologisierende Ansichten von der Philosophiegeschichte es sich ausmalen mögen, Denkstile oder philosophische Moden beliebig gewechselt. Aus Zwang und Notwendigkeit vielmehr ward der Idealismus vergessen, zumindest zum bloßen Bildungsgut; aus Zwang in der kritischen Besinnung, aus Notwendigkeit in der Entwicklungstendenz einer Gesellschaft, die weniger stets die Hegelsche Prognose einlöste, daß sie absoluter Geist: daß sie vernünftig sei. Auch einmal fest geprägte Gedanken haben eine Geschichte ihrer Wahrheit und kein bloßes Nachleben; sie bleiben an sich nicht indifferent gegen das, was ihnen widerfuhr. Die Hegelsche Philosophie nun, und alles dialektische Denken, beugt heute sich der Paradoxie, daß sie vor der Wissenschaft veraltet ist und zugleich gegen die Wissenschaft aktueller als je. Davon, daß diese Paradoxie ausgetragen, nicht durch ein »Zurück zu« oder ein Trennen von Schafen und Böcken innerhalb der Hegelschen Philosophie verdeckt wird, hängt ab, ob es bei einer selber längst veralteten akademischen Renaissance bleibt oder ob das gegenwärtige Bewußtsein an Hegel einen Wahrheitsgehalt ergreift, der fällig ist. Will man nicht mit halbem Herzen konservieren, was als sein Realitätssinn gepriesen wird, seine Philosophie aber verwässern, so hat man keine Wahl, als eben die Momente, die an ihm heute befremden, in Beziehung zu setzen zu jenen Erfahrungen, die seine Philosophie einschließt, mögen diese auch immer darin verschlüsselt, mag selbst ihre Wahrheit verborgen sein.

Damit verrät man Hegel nicht an den Empirismus, sondern hält seiner eigenen Philosophie die Treue: dem Desiderat immanenter Kritik, das zu den zentralen Stücken seiner Methode rechnet. Denn die Hegelsche Philosophie beansprucht, über den Gegensatz von Rationalismus und Empirismus, wie über alle starren Gegensätze der philosophischen Überlieferung hinaus zu sein: also ebenso in ihren Erfahrungen von der Welt deutend des Geistes mächtig zu werden, wie in der Bewegung des Geistes die Erfahrung zu konstruieren. Man nimmt nur seine Philosophie beim Wort, wenn man sie, unbekümmert fast um ihren Platz in der Philosophiegeschichte, auf ihren Erfahrungskern bringt, der eins sein müßte mit ihrem Geist. Er selbst identifiziert, an jener auch von Heidegger zitierten Stelle aus der Einleitung der Phänomenologie, Erfahrung mit Dialektik[5]. Wird aber dagegen protestiert, daß vorab einzelne Kategorien und Lehren ausgewählt werden, nicht sogleich aufs ausgeführte System eingegangen, das doch allein über alles Einzelne bei ihm entscheiden soll, so wird das abermals gedeckt von seiner eigenen Intention. Das System will nicht abstrakt vorgedacht, will kein umfangendes Schema sein, sondern das in den einzelnen Momenten latent wirksame Kraftzentrum. Sie sollen von sich aus, durch ihre Bewegung und Tendenz, zu einem Ganzen zusammenschießen, das nicht ist außerhalb seiner partikularen Bestimmungen. Nicht freilich ist verbürgt, daß die Reduktion auf Erfahrungen jene Identität des Entgegengesetzten im Ganzen bestätigt, wie sie an Ort und Stelle Voraussetzung und Resultat der Hegelschen Methode bildet. Vielleicht geht die Reduktion dem Identitätsanspruch ans Leben.

Die spezifische Schwierigkeit des Beginnens ist nicht zu verschweigen. Der Begriff der Erfahrung hat in den Schulen, die ihn emphatisch gebrauchen, der Tradition Humes, den Charakter von Unmittelbarkeit selbst zum Kriterium, und zwar von Unmittelbarkeit zum Subjekt. Erfahrung soll heißen, was unmittelbar da, unmittelbar gegeben, gleichsam rein von der Zutat des Gedankens und darum untrüglich sei. Diesen Begriff der Unmittelbarkeit aber, und damit den verbreiteten von Erfahrung, fordert die Hegelsche Philosophie heraus. »Das Unmittelbare halten die Menschen oft für das Vorzüglichere, beim Vermittelten stellt man sich das Abhängige vor; der Begriff hat aber beide Seiten, er ist Vermittelung durch Aufhebung, und so Unmittelbarkeit.«[6] Ihm zufolge gibt es zwischen Himmel und Erde nichts, was nicht »vermittelt« wäre, was also nicht in seiner Bestimmung als das, was bloß da ist, die Reflexion seines bloßen Daseins enthielte, ein geistiges Moment: »die Unmittelbarkeit ist wesentlich selbst vermittelt.«[7] Hat die Kantische Philosophie, die Hegel bei aller Polemik vorausssetzt, Formen des Geistes als Konstituentien aller gültigen Erkenntnis herauszuschälen versucht, dann hat Hegel, um die Kantische Trennung von Form und Inhalt zu beseitigen, ein jegliches Seiendes als ein immer zugleich auch Geistiges interpretiert. Unter seinen erkenntnistheoretischen Funden ist nicht der geringfügigste der, daß noch jene Momente, an denen die Erkenntnis ihr Letztes, Irreduktibles zu besitzen wähnt, ihrerseits immer auch Produkte von Abstraktion, damit von »Geist« sind. Einfach läßt sich das daran verdeutlichen, daß etwa die sogenannten sinnlichen Eindrücke, auf welche die ältere Erkenntnistheorie alles Wissen zurückführte, selber bloße Konstruktionen waren, rein als solche im lebendigen Bewußtsein gar nicht vorkommen: daß also etwa, außer in den veranstalteten, der lebendigen Erkenntnis entfremdeten Bedingungen des Laboratoriums, kein einzelnes Rotes wahrgenommen wird, aus dem dann die sogenannten höheren Synthesen komponiert würden. Jene vermeintlich elementaren Qualitäten der Unmittelbarkeit treten immer schon als kategorial geformte auf, und dabei lassen sinnliche und kategoriale Momente nicht sich säuberlich als »Schichten« voneinander abheben. »Die Empirie ist nicht bloßes Beobachten, Hören, Fühlen u. s. f., das Einzelne wahrnehmen: sondern geht wesentlich darauf, Gattungen, Allgemeines, Gesetze zu finden. Und indem sie diese hervorbringt, so trifft sie mit dem Boden des Begriffs zusammen.«[8] Diese antipositivistische Einsicht Hegels ist von der modernen Wissenschaft nur insoweit eingeholt worden, als die Gestalttheorie dargetan hat, daß es das isolierte, unqualifizierte sinnliche Da nicht gebe, sondern daß es immer bereits strukturiert sei. Die Gestalttheorie hat aber am Primat der Gegebenheit, am Glauben an ihren Vorrang vor der subjektiven Zutat nicht gerüttelt, und dadurch Erkenntnis harmonisiert; wie dem Positivismus das Gegebene unmittelbar war, so ist ihr seine Einheit mit der Form unmittelbar, eine Art Ding an sich inmitten der Bewußtseinsimmanenz. Daß Form und Gegebenheit, welche die ältere Epistemologie grob unterschied, wiederum auch nicht bruchlos sich decken, wird von der Gestalttheorie erst als akzidentell zugestanden mit Unterscheidungen wie der von guter und schlechter Gestalt, welche in den vorweg sanktionierten Gestaltbegriff selbst fallen. Darüber ist Hegel schon in der Phänomenologie des Geistes weit hinausgegangen. Er hat die These von der bloßen Unmittelbarkeit als der Grundlage der Erkenntnis demoliert und den empiristischen Erfahrungsbegriff gestürzt, ohne doch das Gegebene als sinnhaft zu glorifizieren. Charakteristisch für seine Methode, daß er die Unmittelbarkeit mit ihrem eigenen Maß gemessen, ihr vorgehalten hat, daß sie keine sei. Sie wird prinzipiell, nicht bloß als atomistisch-mechanische kritisiert; sie hat stets in sich selbst bereits ein von ihr Verschiedenes, Subjektivität, ohne die sie überhaupt nicht »gegeben« wäre, und ist nicht schon als solche Objektivität. »Das Princip der Erfahrung enthält die unendlich wichtige Bestimmung, daß für das Annehmen und Fürwahrhalten eines Inhalts der Mensch selbst dabei seyn müsse, bestimmter daß er solchen Inhalt mit der Gewißheit seiner selbst in Einigkeit und vereinigt finde.«[9] Dabei opfert jedoch Hegel nicht einfach den Begriff der Unmittelbarkeit: sonst verlöre seine eigene Idee von Erfahrung ihren vernünftigen Sinn. »Die Unmittelbarkeit des Wissens« schließt »nicht nur die Vermittlung desselben nicht aus, sondern sie sind so verknüpft, daß das unmittelbare Wissen sogar Produkt und Resultat des vermittelten Wissens ist.«[10] Von Vermittlung ist ohne ein Unmittelbares so wenig zu reden wie umgekehrt ein nicht vermitteltes Unmittelbares zu finden. Aber beide Momente werden bei ihm nicht länger starr kontrastiert. Sie produzieren und reproduzieren sich gegenseitig, bilden auf jeder Stufe sich neu und sollen erst in der Einheit des Ganzen versöhnt verschwinden. »Von dem Faktum aber solchen Erkennens, das weder in einseitiger Unmittelbarkeit noch in einseitiger Vermittlung fortgeht, ist die Logik selbst und die ganze Philosophie das Beispiel.«[11] Damit scheint jedoch die Absicht, Hegels Philosophie auf Erfahrungen zu bringen, selbst von dem Verdikt gerichtet, das sie ausspricht, indem sie den Kantischen Kritizismus zum äußersten steigert. Die »Erfahrung«, um die es in Hegel und ihm gegenüber einzig sich handeln kann, verändert eingreifend den üblichen Erfahrungsbegriff.

Am schwersten wird man des Erfahrungsgehalts dort habhaft, wo Hegels Philosophie sich selbst abhebt von denen, die Erfahrung zum Prinzip erküren. Wohl akzentuiert Hegel, wie allbekannt, aufs energischeste das Moment des Nicht-Ichs im Geist. Aber zu bestreiten, daß er Idealist sei, ist doch wohl die Prärogative von Interpretationskünsten, welche die Maxime Reim dich oder ich freß dich befolgen, wo sie die Chance sehen, die Autorität eines großen Namens propagandistisch auszuwerten. Sie müßten jenen Satz, die Wahrheit sei wesentlich Subjekt[12], zu einer Irrelevanz herabsetzen, die schließlich am Hegelschen System keine differentia specifica übrigließe. Eher ist nach dem Erfahrungsgehalt des Hegelschen Idealismus selbst zu suchen. Den teilt er aber mit der Gesamtbewegung der nach-Kantischen Systeme in Deutschland, zumal mit Fichte und Schelling. Stets noch wird die Periode, vielleicht unter der zähen Suggestion Diltheys, zu eng in die Perspektive der einzelnen Denker und ihrer Differenzen gezwängt. In Wahrheit war der Idealismus in den Dezennien von der Wissenschaftslehre bis zu Hegels Tod weniger strikt individuiert denn eine kollektive Bewegung: nach Hegels Terminologie ein Äther der Gedanken. Weder banden sie sich ausschließlich ans eine oder andere System, noch waren sie stets vom Einzelnen voll artikuliert. Selbst nach der Entzweiung von Schelling und Hegel finden bei beiden – in den Weltaltern dort, der Phänomenologie hier – sich Formulierungen, ganze Gedankenzüge, deren Autor nicht leichter zu identifizieren wäre als in ihrer Jugend. Das dürfte im übrigen auch manche Schwierigkeiten wegräumen. Jene Schriftsteller operieren nicht mit fixierten Begriffen wie eine spätere Philosophie, die eben jene Wissenschaft zum Muster wählte, der die idealistische Generation widerstand. Das Klima kollektiven Einverständnisses gestattete selbst dort noch kundzutun, was man meinte, wo die einzelne Prägung nicht ganz durchsichtig geriet; es mag geradezu der Sorge um Prägnanz entgegengewirkt haben, als verletzte diese, worin man sich einig wußte, indem sie es eigens herstellte. Keineswegs koinzidiert ohne weiteres der Erfahrungsgehalt des Idealismus mit dessen erkenntnistheoretisch-metaphysischen Positionen. Das Pathos im Wort »Geist«, das diesen am Ende der Hybris verdächtig machte, wehrte sich gegen die ersten Symptome jenes Typus von Wissenschaft, der seitdem allerorten, auch wo ihr eigener Gegenstand Geist sein soll, die Macht ergriff. Spürbar ist der Impuls noch in Stellen wie der aus der Differenzschrift: »Nur insofern die Reflexion Beziehung aufs Absolute hat, ist sie Vernunft, und ihre That ein Wissen. Durch diese Beziehung vergeht aber ihr Werk, und nur die Beziehung besteht, und ist die einzige Realität der Erkenntniß; es giebt deswegen keine Wahrheit der isolirten Reflexion, des reinen Denkens, als die ihres Vernichtens. Aber das Absolute, weil es im Philosophiren von der Reflexion fürs Bewußtseyn producirt wird, wird hierdurch eine objektive Totalität, ein Ganzes von Wissen, eine Organisation von Erkenntnissen. In dieser Organisation ist jeder Theil zugleich das Ganze; denn er besteht als Beziehung auf das Absolute. Als Theil, der andere außer sich hat, ist er ein Beschränktes und nur durch die andern; isolirt als Beschränkung, ist er mangelhaft, Sinn und Bedeutung hat er nur durch seinen Zusammenhang mit dem Ganzen. Es kann deswegen nicht von einzelnen Begriffen für sich, einzelnen Erkenntnissen, als einem Wissen die Rede seyn. Es kann eine Menge einzelner empirischer Kenntnisse geben. Als Wissen der Erfahrung zeigen sie ihre Rechtfertigung in der Erfahrung auf, d. h. in der Identität des Begriffs und des Seyns, des Subjekts und des Objekts. Sie sind eben darum kein wissenschaftliches Wissen, weil sie nur diese Rechtfertigung in einer beschränkten, relativen Identität haben; und sich weder als nothwendige Theile eines im Bewußtseyn organisirten Ganzen der Erkenntnisse legitimiren, noch die absolute Identität, die Beziehung auf das Absolute in ihnen durch die Spekulation erkannt worden ist.«[13] Als Kritik des heute wie damals vorwaltenden Wissenschaftsbetriebs hat sogar der totale Idealismus Hegels Aktualität: gegen ein Anderes, nicht an sich. Der wie immer auch verblendete Drang, den Geist zu erhöhen, zieht seine Kraft aus dem Widerstand gegen das tote Wissen: gegen das verdinglichte Bewußtsein, das von Hegel zugleich aufgelöst und, in seiner Unausweichlichkeit, wider die Romantik gerettet ward. Die Erfahrung des nach-Kantischen deutschen Idealismus reagiert gegen spießbürgerliche Beschränktheit, arbeitsteilige Zufriedenheit innerhalb der nun einmal vorgezeichneten Sparten des Lebens und der organisierten Erkenntnis. Insofern haben anscheinend periphere, praktische Schriften wie der Fichtesche Deduzierte Plan und die Schellingsche Einleitung ins akademische Studium philosophisches Gewicht. Das Stichwort Unendlichkeit etwa, das ihnen allen, zum Unterschied von Kant, leicht aus der Feder floß, färbt sich erst angesichts dessen, was ihnen die Not des Endlichen war, des verstockten Eigeninteresses und der sturen Einzelheit der Erkenntnis, in der jenes sich spiegelt. Unterdessen ist die Rede von der Ganzheit, ihres polemischen Sinnes entäußert, nur noch anti-intellektualistische Ideologie. In der idealistischen Frühzeit, da in dem unterentwickelten Deutschland die bürgerliche Gesellschaft als Ganzes noch gar nicht recht sich formiert hatte, war Kritik am Partikularen von anderer Dignität. Idealismus bedeutete, im theoretischen Bereich, die Einsicht, das summierte Einzelwissen sei kein Ganzes, durch die Maschen der Arbeitsteilung schlüpfe das Beste der Erkenntnis wie das menschliche Potential hindurch. Goethes »Fehlt nur das geistige Band« zieht sentenziös daraus das Fazit. Einmal ging der Idealismus gegen den Famulus Wagner. Erst als seinesgleichen den Idealismus beerbt hatten, enthüllte dieser sich als die Partikularität, welche Hegel zumindest an Fichte schon durchschaute. Totalität wird zum radikal Bösen in der totalen Gesellschaft. Bei Hegel schwingt im Bedürfnis fortschreitenden Zusammenhangs noch das nach einer Versöhnung mit, die von der Totalität versperrt wird, seitdem sie jene Wirklichkeit erlangte, die Hegel enthusiastisch im Begriff antezipierte.

Das Motiv der Wissenschaftskritik einzusehen: daß das Nächstliegende, dem je einzelnen Subjekt unmittelbar Gewisse nicht Grund der Wahrheit, nicht absolut gewiß, nicht »unmittelbar« sei; dazu bedarf es indessen noch keineswegs des spekulativen Begriffs. Das persönliche Bewußtsein des Individuums, dessen Zusammenhang die traditionelle Erkenntnistheorie analysiert, ist als Schein durchschaubar. Nicht nur verdankt sein Träger Existenz und Reproduktion des Lebens der Gesellschaft. Sondern all das, wodurch es als spezifisch erkennendes sich konstituiert, die logische Allgemeinheit also, die sein Denken durchherrscht, ist, wie zumal die Durkheimschule belegt hat, immer auch gesellschaftlichen Wesens. Das Individuum, das sich selbst, vermöge dessen, was ihm unmittelbar gegeben sein soll, für den Rechtsgrund der Wahrheit hält, gehorcht dem Verblendungszusammenhang einer notwendig sich selbst als individualistisch verkennenden Gesellschaft. Was ihm für das Erste gilt und für das unwiderleglich Absolute, ist bis in jedes sinnliche Einzeldatum hinein abgeleitet und sekundär. »Das Individuum, wie es in dieser Welt des Alltäglichen und der Prosa erscheint, ist ... nicht aus seiner eigenen Totalität thätig, und nicht aus sich selbst sondern aus Anderem verständlich.«[14] Daß der Ausgang von der puren Unmittelbarkeit des Diesda, dem vermeintlich Gewissesten, über die Zufälligkeit der je nun einmal so daseienden Einzelperson, den Solipsismus nicht hinausgelangt – daß man, nach Schopenhauers Wort, den Solipsismus vielleicht kurieren, aber nicht widerlegen kann, ist der Preis des Wahnsinns, den jener Verblendungszusammenhang zu zollen hat. Denken, das ebenso den Einzelmenschen als zoon politikon wie die Kategorien subjektiven

Bewußtseins als implizit gesellschaftliche begreift, wird nicht länger an einen Erfahrungsbegriff sich klammern, der, sei's auch gegen seinen Willen, das Individuum hypostasiert. Der Fortgang der Erfahrung zum Bewußtsein ihrer Interdependenz mit der aller berichtigt rückwirkend ihren Ansatz in bloß individueller. Das hat Hegels Philosophie notiert. Ihre Kritik der Unmittelbarkeit gibt Rechenschaft davon, daß das, worauf das naive Bewußtsein als Unmittelbares, ihm Nächstes vertraut, objektiv so wenig das Unmittelbare und Erste sei wie aller Besitz. Hegel zerstört die Mythologie des Ersten selber: »Den Anfang macht das, was an sich ist, das Unmittelbare, Abstrakte, Allgemeine, was noch nicht fortgeschritten ist. Das Konkretere, Reichere ist das Spätere; das Erste ist das Ärmste an Bestimmungen.«[15] Unterm Aspekt solcher Entmythologisierung wird die Hegelsche Philosophie zur Formel für die umfassende Verpflichtung zur Unnaivetät; frühe Antwort auf eine Verfassung der Welt, die unaufhaltsam an ihrem eigenen Schleier webt. »In der That ist das Denken wesentlich die Negation eines unmittelbar Vorhandenen«[16]. Wie sein Antipode Schopenhauer, so möchte Hegel den Schleier zerreißen: daher seine Polemik gegen Kants Lehre von der Unerkennbarkeit des Dinges an sich[17]. Das wohl ist eines der tiefsten, ob auch ihr selber verborgenen Motive seiner Philosophie.

Die damit berührte Schicht des Denkens unterscheidet sich, wie übrigens schon Fichte, von Kant und dem gesamten achtzehnten Jahrhundert durch ein neues Ausdrucksbedürfnis. Der mündige Gedanke will, was er zuvor bloß bewußtlos tat, Geschichte des Geistes schreiben, Widerhall der Stunde werden, die ihm schlug. Das ist eher die Differenz zwischen dem deutschen Idealismus, Hegel zumal, und der Aufklärung, als was die offizielle Philosophiegeschichte als solche verzeichnet: wichtiger selbst denn die Selbstkritik der Aufklärung, die nachdrückliche Hineinnahme des konkreten Subjekts und der geschichtlichen Welt, die Dynamisierung des Philosophierens. Zumindest theoretische Philosophie hatte bei Kant noch ihren Kanon an den positiven Wissenschaften, der Überprüfung von deren Gültigkeit, also der Frage, wie wissenschaftliche Erkenntnis möglich sei. Nun wendet sie sich mit der ganzen Armatur wissenschaftstheoretischer Selbstbesinnung daran, das, was man an der Wirklichkeit zentral gewahr wird, aber was durchs Netz der Einzelwissenschaften schlüpft, gleichwohl verbindlich auszusprechen. Das, kein größerer Reichtum an Stoff motiviert jene Verinhaltlichung des Philosophierens, das gegenüber Kant und nun auch Fichte moderne Klima Hegels. Aber er hat Philosophie zur gedanklich konsequenten Verarbeitung von Erfahrungen des Wirklichen nicht in ungebrochenem Drauflosdenken, sei's dem naiv-realistischen, sei's der nach vulgärem Sprachgebrauch ungezügelten Spekulation, getrieben. Vielmehr hat er durch kritische Selbstreflexion eben der kritisch-aufklärerischen Philosophie und der Methode der Wissenschaft Philosophie zur Einsicht in wesentliche Inhalte gebracht, anstatt bei der propädeutischen Prüfung epistemologischer Möglichkeiten sich zu bescheiden. Geschult an der Wissenschaft und mit ihren Mitteln hat er die Grenze nur feststellender und ordnender, auf die Zurichtung von Materialien abzielender Wissenschaft überschritten, die vor ihm herrschte und wiederum nach ihm, als das Denken die unmäßige Spannung seiner Selbstreflexion verlor. Seine Philosophie ist eine der Vernunft und antipositivistisch zugleich. Sie setzt sich der bloßen Erkenntnistheorie entgegen, indem sie erweist, daß die Formen, die jener zufolge Erkenntnis konstituieren, ebenso vom Inhalt der Erkenntnis abhängen wie umgekehrt: »Es giebt aber überhaupt keine Materie ohne Form und keine Form ohne Materie. – Die Materie und die Form erzeugen sich wechselseitig.«[18] Das darzutun, bedient er sich jedoch selbst der konsequenteren Erkenntnistheorie. Hatte diese, als Lehre von der Zufälligkeit und Undurchdringlichkeit des Inhalts und der Unabdingbarkeit der Formen, den Graben zwischen beidem gelegt, so steigert er sie bis zur Evidenz dessen, daß ihn zu ziehen ihr nicht zukommt; daß das Grenzen setzende Bewußtsein mit dieser Setzung notwendig das Begrenzte transzendiert. Kanonisch für Hegel ist Goethes Satz, alles in seiner Art Vollkommene weise über seine Art hinaus, wie er denn mit Goethe weit mehr gemein hat, als die Oberflächendifferenz der Lehre vom Urphänomen und der vom sich selbst bewegenden Absoluten ahnen läßt.

Kant hatte die Philosophie an den synthetischen Urteilen a priori »festgemacht«; in sie hatte sich gleichsam zusammengezogen, was von der alten Metaphysik nach der Vernunftkritik übrigblieb.

Die synthetischen Urteile a priori sind aber von einem tiefen Widerspruch durchfurcht. Wären sie im strengen Kantischen Sinn a priori, dann hätten sie keinerlei Inhalt, wären Formen in der Tat, rein logische Sätze, Tautologien, in denen Erkenntnis sich selbst nichts Neues, nichts anderes hinzufügte. Sind sie jedoch synthetisch, also im Ernst Erkenntnisse, nicht bloße Selbstverdoppelungen des Subjekts, dann bedürfen sie jener Inhalte, die Kant als zufällig und bloß empirisch aus ihrer Sphäre verbannen wollte. Wie danach Form und Inhalt überhaupt sich zusammenfinden, zueinander passen; wie es zu jener Erkenntnis kommt, deren Gültigkeit Kant doch rechtfertigen wollte, wird angesichts des radikalen Bruchs zum Rätsel. Hegel antwortet darauf, Form und Inhalt seien wesentlich durcheinander vermittelt. Das besagt aber, daß eine bloße Formenlehre der Erkenntnis, wie die Erkenntnistheorie sie entwirft, sich selbst aufhebt, nicht möglich ist; daß Philosophie, um jene Verbindlichkeit zu erreichen, der die Erkenntnistheorie nachhängt, diese sprengen muß. So wird inhaltliches Philosophieren, das Erfahrungen zu ihrer Notwendigkeit und Stringenz zu bringen trachtet, durch die Selbstbesinnung eben des formalen Philosophierens bewirkt, das inhaltliches Philosophieren als bloß dogmatisch abgewehrt und verboten hatte. Mit diesem Übergang zum Inhalt wird die in der gesamten Platonisch-Aristotelischen Tradition bis Kant durchgehaltene, erstmals von Fichte bezweifelte Trennung des Apriori und der Empirie kassiert: »Das Empirische, in seiner Synthesis aufgefaßt, ist der spekulative Begriff.«[19] Philosophie erlangt das Recht und akzeptiert die Pflicht, auf materiale, dem realen Lebensprozeß der vergesellschafteten Menschen entspringende Momente als wesentliche, nicht bloß zufällige zu rekurrieren. Die falsch auferstandene Metaphysik von heutzutage, die das als Absinken in bloße Faktizität ahndet und das Sein des Seienden vorm Seienden zu beschützen sich anmaßt, fällt im Entscheidenden hinter Hegel zurück, wie sehr sie auch dessen Idealismus gegenüber sich selbst als fortgeschritten verkennen mag. Der seines Idealismus wegen gegenüber der Konkretion der phänomenologischen, anthropologischen und ontologischen Schulen abstrakt gescholtene Hegel hat unendlich viel mehr an Konkretem in den philosophischen Gedanken hineingezogen als jene Richtungen, und zwar nicht, weil Realitätssinn und geschichtlicher Blick seiner spekulativen Phantasie die Waage gehalten hätten, sondern kraft des Ansatzes seiner Philosophie – man könnte sagen, wegen des Erfahrungscharakters der Spekulation selber. Philosophie, verlangt Hegel, müsse darüber verständigt werden, »daß ihr Inhalt die Wirklichkeit ist. Das nächste Bewußtseyn dieses Inhalts nennen wir Erfahrung.«[20] Sie will sich nicht einschüchtern lassen, auf die Hoffnung nicht verzichten, jenes Ganzen der Wirklichkeit und ihres Gehaltes doch noch innezuwerden, das ihr der wissenschaftliche Betrieb im Namen gültiger, hieb- und stichfester Befunde verstellt. Hegel hat das Regressive und Gewalttätige in der Kantischen Demut gespürt, sich aufgelehnt wider den allbekannten Satz, mit dem Kants Aufklärung beim Obskurantismus sich beliebt machte: »Ich mußte also das Wissen aufheben, um zum Glauben Platz zu bekommen, und der Dogmatism der Metaphysik, d. i. das Vorurteil, in ihr ohne Kritik der reinen Vernunft fortzukommen, ist die wahre Quelle alles der Moralität widerstreitenden Unglaubens, der jederzeit gar sehr dogmatisch ist.«[21] Hegels Antithese dazu lautet: »Das verschlossene Wesen des Universums hat keine Kraft in sich, welche dem Muthe des Erkennens Widerstand leisten könnte, es muß sich vor ihm aufthun und seinen Reichthum und seine Tiefen ihm vor Augen legen und zum Genusse bringen.«[22] In solchen Formulierungen erweitert sich das frühbürgerliche, Baconische Pathos zu dem der mündigen Menschheit: daß es doch noch gelinge. Dieser Impuls begründet, gegenüber der Resignation des gegenwärtigen Zeitalters, Hegels wahre Aktualität. Das idealistische Extrem, nach dessen Maß beim früheren Hegel, ähnlich wie bei Hölderlin, der zum »Gebrauch« verpflichtete und damit gegen sich treulose Geist verurteilt wird, hat seine materialistischen Implikationen. Sie schwinden, wo solcher extreme Idealismus mit dem paktiert, was man späterhin Realismus nannte; wo der Geist sich anpaßte, dem freilich mit viel Evidenz zu demonstrieren war, daß er anders als durch Anpassung hindurch nicht sich zu verwirklichen vermöchte. Gesellschaftlichem Materialismus rückt Hegel desto näher, je weiter er den Idealismus auch erkenntnistheoretisch treibt; je mehr er, wider Kant, darauf beharrt, die Gegenstände von innen her zu begreifen. Das Vertrauen des Geistes, die Welt »an sich« sei er selbst, ist nicht nur die beschränkte Illusion seiner Allmacht. Es nährt sich von der Erfahrung, daß nichts schlechthin außerhalb des von Menschen Produzierten, nichts von gesellschaftlicher Arbeit schlechthin Unabhängiges existiert. Noch die von ihr anscheinend unberührte Natur bestimmt sich als solche durch Arbeit und ist insofern durch diese vermittelt; eklatant sind derlei Zusammenhänge etwa am Problem der sogenannten nichtkapitalistischen Räume, die, der Imperialismustheorie zufolge, Funktion der kapitalistischen sind: diese bedürfen ihrer zur Verwertung des Kapitals. Der Leibnizsche Anspruch einer Konstruktion der Welt aus ihrem inneren Prinzip, den noch Kant als dogmatische Metaphysik verwarf, kehrt bei Hegel als deren Gegenteil wieder. Das Seiende nähert sich dem Arbeitsprodukt, ohne daß allerdings das naturale Moment darin unterginge. Fällt schließlich in der Totale, wie bei Hegel, alles ins Subjekt als absoluten Geist, so hebt der Idealismus damit sich auf, daß keine Differenzbestimmung überlebt, an der das Subjekt, als Unterschiedenes, als Subjekt faßbar wäre. Ist einmal, im Absoluten, das Objekt Subjekt, so ist das Objekt nicht länger dem Subjekt gegenüber inferior. Identität wird auf ihrer Spitze Agens des Nichtidentischen. So unüberschreitbar in Hegels Philosophie die Grenzen gezogen waren, welche verboten, diesen Schritt manifest zu tun, so unabweislich ist er doch ihrem eigenen Gehalt. Der Linkshegelianismus war keine geistesgeschichtliche Entwicklung über Hegel hinaus, die ihn mit Mißverstand verbogen hätte, sondern, getreu der Dialektik, ein Stück Selbstbewußtsein seiner Philosophie, das diese sich versagen mußte, um Philosophie zu bleiben.

Darum ist selbst das idealistische Ferment Hegels nicht eilfertig als Vermessenheit abzutun. Es zieht seine Kraft aus dem, was der sogenannte vorwissenschaftliche Menschenverstand an der Wissenschaft wahrnimmt, und worüber jene allzu selbstzufrieden hinweggleitet. Um mit den sauberen und klaren Begriffen operieren zu können, deren sie sich rühmt, legt Wissenschaft diese fest und urteilt dann ohne Rücksicht darauf, daß das Leben der mit dem Begriff gemeinten Sache in dessen Fixierung nicht sich erschöpft. Das Aufbegehren des von der Wissenschaft noch nicht zugerichteten Geistes gegen praktikable Begriffsbestim-

.mungen, bloße Verbaldefinitionen; das Bedürfnis, Begriffe nicht als Spielmarken zu hantieren, sondern in ihnen, wie der Name es will, zu begreifen, was die Sache eigentlich ist und was sie an wesentlichen und untereinander keineswegs einstimmigen Momenten in sich enthält, gibt den Kanon jenes als unbesonnensouverän gescholtenen Hegelschen Idealismus ab, der die Sache durch ihren Begriff ganz aufschließen will, weil Sache und Begriff am Ende eins seien. Nirgends entfernt die Hegelsche Philosophie an der Oberfläche weiter sich vom vordialektischen Erfahrungsbegriff als hier: was dem Geist zufällt, werde ihm zuteil, anstatt daß er es bloß veranstaltete, weil es selber doch wiederum nichts anderes sei als Geist. Aber noch diese anti-empiristische Spitze der Hegelschen Philosophie zielt nicht ins Leere. Sie meint den Unterschied zwischen der Sache selbst, dem Gegenstand der Erkenntnis, und seinem bloßen szientifischen Abguß, bei dem selbstkritische Wissenschaft nicht sich bescheiden kann. Nur freilich vermag der Begriff über sein abstrahierendes, klassifizierendes, sein abschneidendes und willkürliches Wesen nicht hinwegzuspringen. Die Versuche dazu – damals die Schellings – waren Hegel mit Grund besonders verhaßt. Sie verrieten, worum es ihm am meisten ging, den Traum von der Wahrheit der Sache selbst, an eine intellektuelle Anschauung, die nicht über dem Begriff ist, sondern unter ihm, und die gerade, indem sie dessen Objektivität usurpiert, in die Subjektivität bloßen Meinens zurückschlägt. Kaum gegen etwas ist der philosophische Gedanke empfindlicher als gegen das ihm Nächste, das ihn kompromittiert, indem es die Differenz ums Ganze in der unmerklichen Nuance versteckt. Hegel hat darum gelehrt, daß die Bedeutungen der Begriffe ebenso, damit diese überhaupt Begriffe bleiben, more scientifico festgehalten wie, um nicht zu entstellen, nach dem Gebot des Gegenstandes verändert, »bewegt« werden sollen. Die Entfaltung dieses Postulats, das unentfaltet bloß paradox wäre, wird von der Dialektik erwartet. Dialektik heißt nicht, wozu sie in der Parodie wie in der dogmatischen Versteinerung wurde, die Bereitschaft dazu, die Bedeutung eines Begriffs durch eine erschlichene andere zu substituieren; nicht, man solle, wie man der Hegelschen Logik es zumutet, den Satz vom Widerspruch ausstreichen. Sondern der Widerspruch selber: der zwischen dem festgehaltenen und dem bewegten Begriff, wird zum Agens des Philosophierens. Indem der Begriff festgehalten, also seine Bedeutung mit dem unter ihm Befaßten konfrontiert wird, zeigt sich in seiner Identität mit der Sache, wie die logische Form der Definition sie verlangt, zugleich die Nichtidentität, also daß Begriff und Sache nicht eins sind. Der Begriff, der der eigenen Bedeutung treu bleibt, muß eben darum sich verändern; Philosophie, die den Begriff für höher achtet denn ein bloßes Instrument des Verstandes, muß nach deren eigenem Gebot die Definition verlassen, die sie daran hindern möchte. Die Bewegung des Begriffs ist keine sophistische Manipulation, die ihm von außen her wechselnde Bedeutungen einlegte, sondern das allgegenwärtige, jede genuine Erkenntnis beseelende Bewußtsein der Einheit und der gleichwohl unvermeidlichen Differenz des Begriffs von dem, was er ausdrücken soll. Weil Philosophie von jener Einheit nicht abläßt, muß sie dieser Differenz sich überantworten.

Trotz aller Selbstreflexion jedoch haben bei Hegel die Worte Reflexion und Reflexionsphilosophie und ihre Synonyma oft abschätzigen Ton. Dennoch war seine Kritik an der Reflexion, mit der er auch Fichte nicht verschonte, selbst Reflexion. Das zeigt sich kraß an jener Spaltung des Subjektbegriffs, die ihn und seine spekulativ-idealistischen Vorgänger so drastisch von Kant unterscheidet. Bei diesem hatte Philosophie Kritik der Vernunft betrieben; ein gewissermaßen naives wissenschaftliches Bewußtsein, Feststellung nach Regeln der Logik, in heutigem Sprachgebrauch »Phänomenologie« war auf das Bewußtsein als Bedingung der Erkenntnis angewandt worden. Das von Kant nicht bedachte Verhältnis zwischen beiden, dem philosophischen, kritisierenden Bewußtsein und dem kritisierten, unmittelbar Gegenstände erkennenden nun wird bei Hegel selbst thematisch, reflektiert. Dabei wird das Bewußtsein als Objekt, als philosophisch zu erfassendes, zu jenem Endlichen, Begrenzten und Unzulänglichen, als das es tendenziell schon bei Kant konzipiert war, der dem Bewußtsein um solcher Endlichkeit willen verwehrte, in intelligible Welten auszuschweifen. Die Kantische Begrenzung des Bewußtseins als eines geradehin urteilenden wissenschaftlichen kehrt bei Hegel wieder als dessen Negativität, als ein Schlechtes und selbst zu Kritisierendes. Umgekehrt soll jenes Bewußtsein, das die Endlichkeit des Bewußtseins durchschaut, die betrachtende Subjektivität, die das betrachtete Subjekt überhaupt erst »setzt«, eben dadurch auch sich selbst setzen als unendliches und, nach Hegels Absicht, in der ausgeführten Philosophie in seiner Unendlichkeit, als absoluter Geist sich erweisen, in dem die Differenz von Subjekt und Objekt verschwindet, der nichts außer sich hat. So fragwürdig dieser Anspruch indessen bleibt: auch die Reflexion der Reflexion, die Doppelung des philosophischen Bewußtseins ist kein bloßes Spiel des losgelassenen und gleichsam seiner Materie entäußerten Gedankens sondern triftig. Indem das Bewußtsein durch Selbstreflexion an das sich erinnert, was es an der Realität verfehlt, was es durch seine Ordnungsbegriffe verstümmelt, durch seine Gegebenheiten auf die Zufälligkeit des Nächsten herunterbringt, stößt wissenschaftliches Denken bei Hegel auf das, was die kausal-mechanische Wissenschaft als naturbeherrschende der Natur widerfahren läßt. Darin war Hegel gar nicht so verschieden von Bergson, der gleich ihm mit den Mitteln erkenntnistheoretischer Analyse die Insuffizienz der borniert verdinglichenden Wissenschaft, ihre Unangemessenheit ans Wirkliche aufdeckte, während die unreflektierte Wissenschaft das Bewußtsein solcher Unangemessenheit als bloße Metaphysik zu perhorreszieren liebt. Freilich hat bei Bergson der wissenschaftliche Geist die Kritik des wissenschaftlichen Geistes vollzogen, ohne um den Widerspruch in solcher Selbstkritik viel sich zu bekümmern. Bergson konnte deshalb Erkenntnistheoretiker sein und Irrationalist zugleich: seine Philosophie bewältigt nicht das Verhältnis beider Aspekte. Wohl aber der hundert Jahre ältere Hegel. Er wußte, daß jegliche Kritik an dem verdinglichenden, teilenden, entfremdenden Bewußtsein ohnmächtig ist, die ihm bloß von außen her eine andere Quelle der Erkenntnis kontrastiert; daß eine Konzeption der Ratio, die aus der Ratio herausspringt, deren eigenen Kriterien ohne Rettung wiederum erliegen muß. Darum hat Hegel den Widerspruch von wissenschaftlichem Geist und Wissenschaftskritik, der bei Bergson klafft, selbst zum Motor des Philosophierens gemacht. Reflexionsdenken weist nur durch Reflexion über sich hinaus; der Widerspruch, den die Logik

verpönt, wird zum Organ des Denkens: der Wahrheit des Logos.
Hegels Kritik der Wissenschaft, deren Name bei ihm emphatisch stets wiederkehrt, will nicht apologetisch die vor-Kantische Metaphysik gegen das szientifische Denken restaurieren, das ihr mehr stets an Gegenständen und Lehren entriß. Wider die rationale Wissenschaft wendet er ein durchaus Rationales ein: daß sie, die sich die Rechtsquelle von Wahrheit dünkt, um ihrer eigenen Ordnungsbegriffe, um ihrer immanenten Widerspruchslosigkeit und Praktikabilität willen die Gegenstände präpariert, zurechtstutzt, bis sie in die institutionellen, »positiven« Disziplinen hineinpassen. Daß die Wissenschaft sich weniger um das Leben der Sachen bekümmert als um deren Vereinbarkeit mit ihren eigenen Spielregeln, motiviert den Hegelschen Begriff der Verdinglichung: was sich als unantastbare, irreduktible Wahrheit geriert, ist bereits Produkt einer Zurüstung, ein Sekundäres, Abgeleitetes. Philosophisches Bewußtsein hat nicht zuletzt die Aufgabe, das in der Wissenschaft Geronnene durch deren Selbstbesinnung wiederum zu verflüssigen, in das zu retrovertieren, woraus es die Wissenschaft entfernte. Deren eigene Objektivität ist bloß subjektiv: Hegels Einwand gegen die unreflektierte Arbeit des Verstandes ist ebenso vernünftig wie seine Korrektur an ihr. Bei ihm ist die Kritik jenes positivistischen Wissenschaftsbetriebs bereits voll entfaltet, der heute in der ganzen Welt zunehmend als einzig legitime Gestalt von Erkenntnis sich aufspielt. Hegel hat ihn, längst ehe es so weit war, als das agnostiziert, als was er heute in ungezählten leeren und stumpfsinnigen Untersuchungen offenbar wird, als Einheit von Verdinglichung – also falscher, der Sache selbst äußerlicher, nach Hegels Sprache abstrakter Objektivität – und einer Naivetät, die den Abguß der Welt, Tatsachen und Zahlen mit dem Weltgrund verwechselt.
Hegel hat, in der Sprache der Erkenntnistheorie und der aus ihr extrapolierten der spekulativen Metaphysik, ausgesprochen, daß die verdinglichte und rationalisierte Gesellschaft des bürgerlichen Zeitalters, in der die naturbeherrschende Vernunft sich vollendete, zu einer menschenwürdigen werden könnte, nicht, indem sie auf ältere, vorarbeitsteilige, irrationalere Stadien re-

grediert, sondern indem sie ihre Rationalität auf sich selbst anwendet, mit anderen Worten, der Male von Unvernunft heilend noch an ihrer eigenen Vernunft innewird, aber auch der Spur des Vernünftigen am Unvernünftigen. Unterdessen ist der Aspekt der Unvernunft in den mit universaler Katastrophe drohenden Konsequenzen der modernen Rationalität offenbar geworden. Der Schopenhauerianer Richard Wagner hat im Parsifal jene Erfahrung Hegels auf den antiken Topos gebracht: die Wunde schließt der Speer nur, der sie schlug. Das Bewußtsein Hegels hat an der Entfremdung zwischen Subjekt und Objekt, zwischen dem Bewußtsein und der Realität gelitten wie kein philosophisches zuvor. Aber seine Philosophie hatte die Kraft, aus solchem Leiden nicht in die Schimäre einer Welt und eines Subjekts bloßer Unmittelbarkeit zurückzuflüchten. Sie ließ sich nicht darin beirren, daß nur durch die realisierte Wahrheit des Ganzen die Unvernunft einer bloß partikularen, nämlich dem bloß partikularen Interesse dienenden Vernunft zerginge. Das zählt an seiner Reflexion der Reflexion mehr als die irrationalistischen Gesten, zu denen Hegel, wo er die Wahrheit einer bereits unwahr gewordenen Gesellschaft desperat zu retten sucht, manchmal sich verleiten ließ. Die Hegelsche Selbstreflexion des Subjekts im philosophischen Bewußtsein ist in Wahrheit das dämmernde kritische Bewußtsein der Gesellschaft von sich selber.

Das Motiv des Widerspruchs, und damit das einer dem Subjekt hart, fremd, zwangvoll gegenübertretenden Wirklichkeit, das Hegel vor Bergson, dem Metaphysiker des Fließens, voraus hat, gilt allgemein als das Gesamtprinzip seiner Philosophie. Nach ihm trägt die dialektische Methode ihren Namen. Aber gerade es erheischt die Übersetzung in die geistige Erfahrung, die es ausspricht. Sehr leicht gerinnt es einer bloß philosophiehistorischen Betrachtung, welche die Stufen des Geistes unter bündige Oberbegriffe subsumiert, zur Spitzmarke. Man erniedrigt Dialektik zur wählbaren Weltanschauung, wie sie von der kritischen Philosophie, der Hegel zuzählt, tödlich getroffen wurde. Unausweichlich also die Frage, woher Hegel eigentlich das Recht nahm, was immer dem Gedanken begegnete, und den Gedanken selbst, dem Prinzip des Widerspruchs zu beugen. Man wird zumal an dieser Stelle in Hegel, der der Bewegung der Sache selbst sich überlassen, den Gedanken von seiner Willkür kurieren wollte, ein Moment von Willkür, vom alten Dogmatismus argwöhnen, wie denn in der Tat die spekulative Philosophie seit Salomon Maimon in vielem auf den vor-Kantischen Rationalismus zurückgriff. Daß Hegel gegen das klappernde Schema der Triplizität Thesis, Antithesis, Synthesis als eines der bloßen Methode die schneidendsten Einwände äußerte; daß es in der Vorrede zur Phänomenologie heißt, solange es Schema, also bloß den Gegenständen von außen aufgeprägt bleibe, erlerne der »Pfiff«[23] sich rasch, genügt nicht, jenen Verdacht zu beschwichtigen. Auch damit wird man sich schwerlich zufrieden geben, daß kein isoliertes Prinzip, wäre es nun das der Vermittlung, des Werdens, des Widerspruchs oder der Dialektik selber, als Prinzip, losgelöst und absolut, Schlüssel der Wahrheit sei; daß diese einzig im Zusammenhang der auseinander hervorgehenden Momente bestünde. All das könnte bloße Beteuerung sein. Der Verdacht gegen Dialektik als einen, nach Hegels Wort, selber isoliert, »abstrakt« gesetzten Spruch findet heute sich bestätigt dadurch, daß die aus der Hegelschen derivierte materialistische Version der Dialektik, des dynamischen Denkens $\kappa\alpha\tau'\ \dot{\epsilon}\xi o\chi\dot{\eta}\nu$, im Ostbereich unter der scheußlichen Abkürzung Diamat zum statisch-buchstäblichen Dogma entstellt ward. Die Berufung auf ihre zu Klassikern degradierten Inauguratoren verhindert nach wie vor jede sachliche Besinnung als objektivistische Abweichung; die Hegelsche Bewegung des Begriffs ist im Diamat zum Glaubensbekenntnis eingefroren. Demgegenüber hat mit der motivierenden Erfahrung der Dialektik immer noch mehr gemein, was lange nach Hegel Nietzsche in dem Satz aussprach: »Es kommt in der Wirklichkeit nichts vor, was der Logik streng entspräche.«[24] Hegel hat das aber nicht einfach proklamiert, sondern aus der immanenten Kritik der Logik und ihrer Formen gewonnen. Er demonstrierte, daß Begriff, Urteil, Schluß, unvermeidliche Instrumente, um mit Bewußtsein eines Seienden überhaupt sich zu versichern, jeweils mit diesem Seienden in Widerspruch geraten; daß alle Einzelurteile, alle Einzelbegriffe, alle Einzelschlüsse, nach einer emphatischen Idee von Wahrheit, falsch sind. So kam in Hegel, dem Kritiker Kants, dieser, der

Todfeind des bloß »rhapsodistischen«, zufällige, isolierte Einzelbestimmungen verabsolutierenden Denkens, zu sich selber. Hegel geht an gegen die Kantische Lehre von den Grenzen der Erkenntnis, und respektiert sie doch. Aus ihr wird die Theorie von der in jeder Einzelbestimmung sich manifestierenden Differenz von Subjekt und Objekt. Diese Differenz bewegt dann zu ihrer eigenen Korrektur sich über sich hinaus zur angemesseneren Erkenntnis. Die Rechtfertigung des Primats der Negation in Hegels Philosophie wäre demnach, daß die Grenze der Erkenntnis, auf welche deren kritische Selbstbesinnung führt, nichts der Erkenntnis Äußerliches ist, nichts, wozu sie bloß heteronom verdammt wäre, sondern daß sie allen Momenten der Erkenntnis innewohnt. Jede Erkenntnis, nicht erst die ins Unendliche sich vorwagende, meint, schon durch die bloße Form der Kopula, die ganze Wahrheit und keine erlangt sie. Darum wird für Hegel die Kantische Grenze der Erkenntnis zum Prinzip fortschreitender Erkenntnis selber. »Etwas ist nur in seiner Gränze und durch seine Gränze das, was es ist. Man darf somit die Gränze nicht als dem Daseyn bloß äußerlich betrachten, sondern dieselbe geht vielmehr durch das ganze Daseyn hindurch.«[25] Die Universalität der Negation ist keine metaphysische Panazee, der alle Türen sich öffnen sollen, sondern einzig die zum Selbstbewußtsein gediehene Konsequenz aus jener Erkenntniskritik, welche die Panazeen zerschlug. Mit anderen Worten, Hegels Philosophie ist in eminentem Sinn kritische Philosophie, und die Prüfung, der sie ihre Begriffe, mit dem Sein angefangen, unterwirft, speichert immer zugleich in sich auf, was gegen sie spezifisch einzuwenden ist. Von allen Verdrehungen Hegels durch die dümmliche Intelligenz ist die armseligste, Dialektik müsse unterschiedslos alles gelten lassen oder nichts. Bleibt bei Kant die Kritik eine der Vernunft, so wird bei Hegel, der die Kantische Trennung von Vernunft und Wirklichkeit selber kritisiert, Kritik der Vernunft zugleich zu einer des Wirklichen. Die Unzulänglichkeit aller isolierten Einzelbestimmungen ist immer zugleich auch die Unzulänglichkeit der partikularen Realität, die von jenen Einzelbestimmungen gefaßt wird. Wenngleich das System am Ende Vernunft und Wirklichkeit, Subjekt und Objekt einander gleichsetzt, kehrt Dialektik vermöge der Konfrontation einer jeglichen Realität mit ihrem eigenen Begriff, ihrer eigenen Vernünftigkeit die polemische Spitze wider die Unvernunft bloßen Daseins, den perennierenden Naturstand. Die Realität enthüllt sich ihr als todgeweiht, soweit sie noch nicht ganz vernünftig, solange sie unversöhnt ist. Mit dem Begriff der bestimmten Negation, den Hegel vor jenem Satz Nietzsches und jeglichem Irrationalismus voraushat, wendet er sich nicht nur gegen die abstrakten Oberbegriffe, auch den der Negation selber. Sondern die Negation greift zugleich in jene Realität ein, in welcher der sich selbst kritisierende Begriff überhaupt erst seinen Gehalt hat, die Gesellschaft. »Was aber das unmittelbare Wissen von Gott, vom Rechtlichen, vom Sittlichen betrifft«, so gelte, daß sie »schlechthin bedingt durch die Vermittlung seyen, welche Entwicklung, Erziehung, Bildung heißt«[26].

An der Gesellschaft ist der dialektische Widerspruch erfahren. Hegels eigene identitätsphilosophische Konstruktion erheischt, ihn ebenso vom Objekt her zu fassen wie vom Subjekt her; in ihm selbst kristallisiert sich ein Begriff von Erfahrung, der über den absoluten Idealismus hinausweist. Es ist der der antagonistischen Totalität. Wie das Prinzip der universalen Vermittlung gegenüber der Unmittelbarkeit des bloßen Subjekts zurückgeht darauf, daß die Objektivität des gesellschaftlichen Prozesses bis in alle Kategorien des Denkens hinein der Zufälligkeit des einzelnen Subjekts vorgeordnet sei, so ist die metaphysische Konzeption des versöhnten Ganzen als des Inbegriffs aller Widersprüche gewonnen am Modell der gespaltenen und dennoch einen Gesellschaft. Wahrhaft der Gesellschaft. Denn Hegel beruhigt sich nicht bei dem allgemeinen Begriff einer antagonistischen Wirklichkeit, etwa der Vorstellung von Urpolaritäten des Seins. Im kritischen Ausgang vom Nächsten, dem unmittelbaren einzelmenschlichen Bewußtsein, vollzieht er vielmehr in der Phänomenologie des Geistes dessen Vermittlung durch die geschichtliche Bewegung des Seienden hindurch, die ihn über alle bloße Seinsmetaphysik hinausträgt. Die Konkretisierung der Philosophie, einmal ausgelöst, läßt sich nicht um deren trügender Würde willen sistieren. »Es ist die Feigheit des abstracten Gedankens, die sinnliche Gegenwart mönchischer Weise zu scheuen; die moderne Abstraction hat diese ekle Vornehmigkeit gegen das Moment der sinnlichen Gegenwart.«[27] Jene Konkretion befähigt Hegel dazu, die vom idealistischen System stammende Idee der Totalität mit der des Widerspruchs gänzlich zu durchdringen. Die logisch-metaphysische Theorie von der Totalität als dem Inbegriff der Widersprüche heißt, dechiffriert, daß die Gesellschaft nicht ein von Widersprüchen, Disproportionalitäten bloß Durchfurchtes und Gestörtes sei; daß sie Totalität nicht als geschlichtetes Ganzes, sondern nur vermöge ihrer Widersprüche werde. Die Vergesellschaftung der Gesellschaft, ihr Zusammenschluß zu dem, was wahrhaft – Hegel vindizierend – dem System eher gleicht als dem Organismus, resultierte bis heute aus dem Prinzip der Herrschaft: der Entzweiung selber, und vererbt sie weiter. Nur durch ihre Spaltung in die einander entgegengesetzten Interessen der Verfügenden und der Produzierenden hindurch hat die Gesellschaft sich am Leben erhalten, sich erweitert reproduziert, ihre Kräfte entfaltet. Der Blick dafür hat Hegel vor allem Sentimentalismus, aller Romantik, allem Zurückstauen des Gedankens und der Realität auf vergangene Stufen bewahrt. Entweder die Totalität kommt zu sich selber, indem sie sich versöhnt, also durch den Austrag ihrer Widersprüche die eigene Widersprüchlichkeit wegschafft, und hört auf, Totalität zu sein, oder das alte Unwahre dauert fort bis zur Katastrophe. Das Ganze der Gesellschaft, als ein Widersprüchliches, treibt über sich hinaus. Das Goethisch-Mephistophelische Prinzip, daß alles, was entsteht, wert ist, daß es zugrunde geht, sagt bei Hegel, die Vernichtung alles Einzelnen sei bedingt von der Vereinzelung selber, der Partikularität, dem Gesetz des Ganzen: »Das Einzelne für sich entspricht seinem Begriffe nicht; diese Beschränktheit seines Daseyns macht seine Endlichkeit und seinen Untergang aus.«[28] Das Einzelne als Abgespaltenes hat Unrecht gegenüber der Gerechtigkeit, dem Frieden, der des Drucks des Ganzen ledig wäre. Werden die einzelnen Menschen, indem sie auf nichts achten als den je eigenen Vorteil, der Beschränkung, Dummheit und Nichtigkeit überantwortet; scheitert vollends eine Gesellschaft, die nur durch das universale Moment des partikularen Vorteils zusammengehalten wird und lebt, an der Konsequenz ihres Motivs, so sind das keine metaphorisch dialektischen Redeweisen für simple Aussagen über Tatsächliches. Ihre Formulierung kokettiert nicht bloß, wie es später an einer berühmten Stelle bei Marx heißt, mit Hegel. Sondern sie übersetzt gewissermaßen die Hegelsche Philosophie in das zurück, was er in die Sprache des Absoluten projiziert hatte. Daß Hegel derlei Gedanken in der Rechtsphilosophie, als erschräke die Dialektik vor sich selber, durch jähe Verabsolutierung einer Kategorie – des Staates – abbrach, rührt daher, daß seine Erfahrung zwar der Grenze der bürgerlichen Gesellschaft sich versicherte, die in ihrer eigenen Tendenz liegt, daß er aber als bürgerlicher Idealist vor dieser einen Grenze doch innehielt, weil er keine reale geschichtliche Kraft jenseits der Grenze vor sich sah. Den Widerspruch zwischen seiner Dialektik und seiner Erfahrung konnte er nicht meistern: das allein hat den Kritiker zum Affirmativen verhalten.

Der Nerv der Dialektik als Methode ist die bestimmte Negation. Sie basiert auf der Erfahrung der Ohnmacht von Kritik, solange sie im Allgemeinen sich hält, etwa den kritisierten Gegenstand erledigt, indem sie ihn von oben her einem Begriff als dessen bloßen Repräsentanten subsumiert. Fruchtbar ist nur der kritische Gedanke, der die in seinem eigenen Gegenstand aufgespeicherte Kraft entbindet; für ihn zugleich, indem sie ihn zu sich selber bringt, und gegen ihn, insofern sie ihn daran mahnt, daß er noch gar nicht er selber sei. Das Sterile jeder sogenannten geistigen Arbeit, die in der generellen Sphäre sich einrichtet, ohne mit dem Spezifischen sich zu beschmutzen, ist von Hegel gefühlt, aber nicht beklagt, sondern kritisch-produktiv gewandt worden. Dialektik spricht aus, daß philosophische Erkenntnis nicht dort zu Hause ist, wo das Herkommen sie ansiedelte; wo sie allzu leicht, gleichsam ungesättigt mit der Schwere und dem Widerstand des Seienden, gedeiht, sondern daß sie eigentlich erst dort anhebt, wo sie aufsprengt, was dem herkömmlichen Denken für opak, undurchdringlich, bloße Individuation dünkt. Darauf bezieht sich der dialektische Satz: »Das Reale ist schlechthin eine Identität des Allgemeinen und Besonderen.«[27] Diese Verschiebung jedoch will nun nicht die Philosophie, als Ergebnis ihrer Anstrengung, zur Feststellung von unverbundenem Dasein, am Ende doch wieder zum Positivismus zurückbilden. Wohl waltet in der Vergottung des Inbegriffs dessen, was ist, bei

Hegel insgeheim ein positivistischer Impuls. Aber die Kraft, welche das bestimmte Einzelne der Erkenntnis aufschließt, ist immer die der Insuffizienz seiner bloßen Einzelheit. Was es ist, ist immer mehr als es selber. Insofern das Ganze im Mikrokosmos des Einzelnen am Werk ist, kann man mit Grund von einer Reprise Leibnizens bei Hegel reden, wie dezidiert er im übrigen auch gegen die Abstraktheit der Monade steht. Um das durch unreflektierte geistige Erfahrung zu erläutern: wer immer eine Sache nicht mit Kategorien überspinnen, sondern sie selber erkennen will, muß zwar ihr sich ohne Vorbehalt, ohne Deckung beim Vorgedachten überlassen; das glückt ihm aber nur dann, wenn in ihm selbst, als Theorie, bereits das Potential jenes Wissens wartet, das erst durch die Versenkung in den Gegenstand sich aktualisiert. Insofern beschreibt die Hegelsche Dialektik mit philosophischem Selbstbewußtsein die Bahn eines jeden produktiven, nicht bloß nachkonstruierenden oder wiederholenden Gedankens. Freilich ist sie jenem Gedanken selber verborgen; fast möchte man mit Hegel glauben, daß sie ihm verborgen sein muß, damit er produktiv sei. Sie ist weder eine induzierte Theorie noch eine, aus der deduktiv zu folgern wäre. Was den unschuldigen Leser der Phänomenologie des Geistes am meisten schockiert, das Jähe der Blitze, die zwischen den obersten spekulativen Ideen und der aktuellen politischen Erfahrung aus der Französischen Revolution und der Napoleonischen Zeit zucken, ist das eigentlich Dialektische. Sie bezieht den allgemeinen Begriff und das begriffslose τόδε τι – wie vielleicht schon Aristoteles die πρώτη οὐσία – je in sich selbst auf ihr Gegenteil, eine Art permanenter Explosion, zündend in der Berührung der Extreme. Der Hegelsche Begriff von Dialektik empfängt seine spezifische Temperatur und unterscheidet sich von lebensphilosophischen Verflachungen wie der Diltheys durch eben den Zug der Bewegung durch die Extreme hindurch: Entwicklung als Diskontinuität. Auch die aber entspringt in der Erfahrung der antagonistischen Gesellschaft, nicht im bloß erdachten Denkschema. Die Geschichte des unversöhnten Weltalters kann nicht die harmonischer Entwicklung sein: dazu macht sie bloß die Ideologie, welche ihren antagonistischen Charakter verleugnet. Die Widersprüche, ihre wahre und einzige Ontologie, sind zugleich das

Formgesetz der selbst bloß im Widerspruch, mit unsäglichem Leid fortschreitenden Geschichte. Hegel hat diese eine Schlachtbank[30] genannt, wie denn, trotz seines vielberufenen Geschichtsoptimismus, den Schopenhauer verrucht nannte, die Fiber der Hegelschen Philosophie, das Bewußtsein, daß alles Seiende, indem es zu sich selbst kommt, zugleich sich aufhebt und untergeht, von Schopenhauers Einem Gedanken keineswegs so weit entfernt ist, wie die offizielle Philosophiegeschichte Schopenhauers Invektiven nachredet.

Die Lehre Hegels, daß, als »bestimmte Negation«, nur der Gedanke etwas tauge, der sich mit der Schwere seines Gegenstands sättigt, anstatt unverweilt über ihn hinauszuschießen, ist nun freilich in den Dienst des apologetischen Aspekts, der Rechtfertigung des Seienden getreten. Stets unterliegt der Gedanke, der zur Wahrheit erst wird, indem er das ihm Widerstrebende ganz in sich aufnimmt, zugleich der Versuchung, eben damit das Widerstrebende selber zum Gedanken, zur Idee, zur Wahrheit zu erklären. Jene Theorie Hegels ist denn auch jüngst von Georg Lukács[31] zitiert worden, nicht nur um die von der empirischen Wirklichkeit abweichende Literatur zu diffamieren, sondern darüber hinaus, um eine der fragwürdigsten Thesen Hegels wieder aufzuwärmen, die von der Vernünftigkeit des Wirklichen. Nach der Distinktion von abstrakter und realer Möglichkeit sei eigentlich nur das möglich, was selber wirklich geworden ist. Solche Philosophie marschiert mit den stärkeren Bataillonen. Sie eignet den Urteilsspruch einer Realität sich zu, die stets wieder, was anders sein könnte, unter sich begräbt. Selbst darüber jedoch ist nicht aus bloßer Gesinnung zu richten. Insistente Befassung mit Hegel lehrt, daß man in seiner Philosophie – wie wohl in jeder großen – nicht auswählen kann, was einem paßt, und verwerfen, was einen ärgert. Diese düstere Nötigung, kein Ideal des Kompletten erzeugt den Ernst und die Substantialität von Hegels systematischem Anspruch. Seine Wahrheit steckt im Skandalon, nicht im Plausiblen. Hegel retten – und nicht Erneuerung, bloß Rettung ziemt ihm gegenüber – heißt daher, seiner Philosophie dort sich zu stellen, wo sie am wehesten tut; dort wo ihre Unwahrheit offenbar ist, die Wahrheit ihr zu entreißen. Bei der Lehre von der abstrakten und realen Möglichkeit mag dazu die ästhetische Erfahrung helfen. Aus einem Brief über Thomas Manns späte Novelle »Die Betrogene« von 1954 sei zitiert: »Die Figur des Ken trägt, wenn ich mich nicht irre, alle Zeichen eines Amerikaners aus den späten vierziger oder aus den fünfziger Jahren und nicht aus dem Dezennium nach dem Ersten Krieg... Nun könnte man sagen, das sei die legitime Freiheit des Gestaltens, und die Forderung nach chronologischer Treue bleibe subaltern, auch wo es um die Akribie der Menschendarstellung sich handelt. Aber ich zweifle, ob dies als selbstverständlich sich aufdrängende Argument wirklich ganze Kraft hat. Wenn das Werk in die zwanziger Jahre verlegt wird, nach dem Ersten anstatt nach dem Zweiten Krieg spielt, so hat das seine guten Gründe – der handfesteste ist, daß eine Existenz wie die der Frau von Tümmler heute wohl nicht vorgestellt werden könnte, und in einer tieferen Schicht spielt wohl das Bestreben herein, gerade das Nächste zu distanzieren, in Vorwelt zu verzaubern, jene Vorwelt, mit deren besonderer Patina auch der Krull es zu tun hat. Indessen geht man doch mit solcher Transposition der Jahreszahlen eine Art von Verpflichtung ein, ähnlich wie beim ersten Takt einer Musik, dessen Desiderate man bis zum letzten Ton nicht mehr los wird, der das Gleichgewicht herstellt. Nicht die Verpflichtung äußerlicher Treue zum ›Zeitkolorit‹ meine ich, wohl aber die, daß die vom Kunstwerk beschworenen Bilder zugleich als geschichtliche Bilder leuchten, eine Verpflichtung freilich, die aus ästhetisch-immanenten Motiven von jener äußerlichen nur schwer sich dispensieren kann. Denn irre ich mich nicht, so stößt man auf den paradoxen Sachverhalt, daß die Beschwörung solcher Bilder, also das eigentlich Magische des Kunstobjektes, um so vollkommener gerät, je authentischer die Realien sind. Beinahe könnte man glauben, die subjektive Durchdringung stünde nicht, wie unsere Bildung und Geschichte uns glauben machen möchte, im einfachen Gegensatz zur Forderung des Realismus, die ja in gewissem Sinne durch Thomas Manns ganzes œuvre hindurchklingt, sondern es wäre, je präziser man sich ans Geschichtliche auch von Menschentypen hält, um so eher die Vergeistigung, die Welt der imago zu gewinnen. Auf derart abwegige Reflexionen bin ich zuerst bei Proust verfallen, der in dieser Schicht mit idiosynkratischer Genauig-

keit reagierte, und bei der ›Betrogenen‹ haben sie sich mir wieder aufgedrängt. Im Augenblick kommt es mir vor, als wäre durch jene Art Genauigkeit etwas von der Sünde abzubüßen, an der jegliche künstlerische Fiktion laboriert; als wäre diese durchs Mittel der exakten Phantasie von sich selbst zu heilen.«[32] Ähnliches verbirgt sich hinter jenem Theorem Hegels. Noch im Kunstwerk, das kraft des eigenen Formgesetzes von allem bloß Daseienden wesentlich sich unterscheidet, hängt die Erfüllung dieses Formgesetzes, die eigene Wesenhaftigkeit, die »Möglichkeit« im emphatischen Sinn ab von dem Maß an Realität, das sie, wie sehr auch umgeschmolzen und in veränderten Konfigurationen in sich empfängt. Auch der Gedanke, der die stets wieder besiegte Möglichkeit gegen die Wirklichkeit festhält, hält sie bloß, indem er die Möglichkeit als eine der Wirklichkeit faßt unter dem Blickpunkt ihrer Verwirklichung; als das, wonach die Wirklichkeit selbst, wie immer auch schwach, die Fühler ausstreckt, nicht als ein Es wär so schön gewesen, dessen Klang vorweg damit sich abfindet, daß es mißriet. Das ist der Wahrheitsgehalt selbst der Schichten der Hegelschen Philosophie, wo er, wie in der Geschichtsphilosophie und besonders der Vorrede der Rechtsphilosophie, der Realität resigniert oder hämisch Recht zu geben scheint und über die Weltverbesserer spottet. Die reaktionärsten, keineswegs die liberal-progressiven Elemente Hegels haben der späteren sozialistischen Kritik des abstrakten Utopismus den Boden bereitet, um dann freilich in der Geschichte des Sozialismus selbst wiederum auch die Vorwände erneuter Repression zu liefern. Die gegenwärtig im Ostbereich übliche Diffamierung jeden Gedankens, der über die sture Unmittelbarkeit dessen sich erhebt, was dort unterm Begriff von Praxis betrieben wird, ist dafür der drastischeste Beleg. Nur sollte man Hegel nicht dort die Schuld aufbürden, wo seine Motive mißbraucht werden, um dem fortwährenden Grauen das ideologische Mäntelchen umzuhängen. Die dialektische Wahrheit exponiert sich solchem Mißbrauch: ihr Wesen ist zerbrechlich.
Gleichwohl darf die Unwahrheit der Hegelschen Rechtfertigung des Seienden, gegen die seinerzeit die Hegelsche Linke rebellierte und die unterdessen ins Absurde anwuchs, nicht verleugnet werden. Mehr als irgendeine andere seiner Lehren scheint die von

der Vernünftigkeit des Wirklichen der Erfahrung von der Wirklichkeit, auch von deren sogenannter großer Tendenz zu widerstreiten. Sie aber ist eins mit dem Hegelschen Idealismus. Eine Philosophie, der, als Resultat ihrer Bewegung und als deren Ganzes, alles was ist, in Geist sich löst; die also im Großen jene Identität von Subjekt und Objekt doch verkündet, deren Nichtidentität im Einzelnen sie inspiriert – eine solche Philosophie wird apologetisch auf die Seite des Seienden sich schlagen, das ja selber eins sein soll mit dem Geiste. Wie aber die These von der Vernünftigkeit des Wirklichen von der Wirklichkeit dementiert wurde, so ist die identitätsphilosophische Konzeption philosophisch zusammengebrochen. Die Differenz von Subjekt und Objekt läßt in der Theorie so wenig sich ausmerzen, wie sie in der Erfahrung von der Wirklichkeit bis heute geschlichtet ward. Stellt, gegenüber der Anspannung des Geistes, der nie im Begreifen des Wirklichen mächtiger sich zeigte als bei Hegel, die Geschichte der Philosophie nach ihm als Schwächung, Resignation der begreifenden und konstruierenden Kraft sich dar, so ist doch der Prozeß, der dahin es brachte, irreversibel. Er ist nicht geistiger Kurzatmigkeit, Vergeßlichkeit, schlecht auferstandener Naivetät allein zur Last zu schreiben. In ihm wirkt, gut und erschreckend Hegelisch, zugleich etwas von der Logik der Sache selbst. Noch an Hegel bewährt sich jenes Philosophem, daß dem, was zugrunde geht, sein eigenes Recht widerfährt; als urbürgerlicher Denker untersteht er dem urbürgerlichen Spruch des Anaximander. Ohnmächtig wird die Vernunft, das Wirkliche zu begreifen, nicht bloß um der eigenen Ohnmacht willen, sondern weil das Wirkliche nicht die Vernunft ist. Der Prozeß zwischen Kant und Hegel, in dem dessen schlagende Beweisführung das letzte Wort hatte, ist nicht zu Ende; vielleicht weil das Schlagende, die Vormacht der logischen Stringenz selber, gegenüber den Kantischen Brüchen die Unwahrheit ist. Hat Hegel, vermöge seiner Kantkritik, das kritische Philosophieren großartig über das formale Bereich hinaus erweitert, so hat er in eins damit das oberste kritische Moment, die Kritik an der Totalität, am abschlußhaft gegebenen Unendlichen, eskamotiert. Selbstherrlich hat er dann doch den Block weggeräumt, jenes fürs Bewußtsein Unauflösliche, an dem Kants transzendentale Philosophie ihre innerste Erfahrung hat, und eine vermöge ihrer Brüche bruchlose Einstimmigkeit der Erkenntnis stipuliert, der etwas von mythischem Blendwerk eignet. Die Differenz von Bedingtem und Absolutem hat er weggedacht, dem Bedingten den Schein des Unbedingten verliehen. Damit hat er schließlich doch der Erfahrung Unrecht getan, von der er zehrt. Mit dem Erfahrungsrecht seiner Philosophie schwindet zugleich ihre Erkenntniskraft. Der Anspruch, mit dem Ganzen das Besondere aufzusprengen, wird illegitim, weil jenes Ganze selber nicht, wie der berühmte Satz der Phänomenologie es will, das Wahre, weil die affirmative und selbstgewisse Bezugnahme auf jenes Ganze, als ob man es sicher hätte, fiktiv ist.

Diese Kritik läßt sich nicht mildern, aber selbst sie sollte mit Hegel nicht summarisch verfahren. Noch dort, wo er der Erfahrung, auch der seine Philosophie selbst motivierenden, ins Gesicht schlägt, spricht Erfahrung aus ihm. Ist jenes Subjekt-Objekt, zu dem seine Philosophie sich entwickelt, kein System des versöhnten absoluten Geistes, so erfährt der Geist doch die Welt als System. Sein Name trifft den unerbittlichen Zusammenschluß aller Teilmomente und Teilakte der bürgerlichen Gesellschaft durch das Tauschprinzip zu einem Ganzen genauer als irrationalere wie der des Lebens, selbst wenn dieser der Irrationalität der Welt, ihrer Unversöhntheit mit den vernünftigen Interessen einer ihrer selbst bewußten Menschheit, besser anstünde. Nur ist die Vernunft jenes Zusammenschlusses zur Totalität selber die Unvernunft, die Totalität des Negativen. »Das Ganze ist das Unwahre«, nicht bloß weil die These von der Totalität selber die Unwahrheit, das zum Absoluten aufgeblähte Prinzip der Herrschaft ist. Die Idee einer Positivität, die alles ihr Widerstrebende zu bewältigen glaubt durch den übermächtigen Zwang des begreifenden Geistes, verzeichnet spiegelbildlich die Erfahrung des übermächtigen Zwanges, der allem Seienden durch seinen Zusammenschluß unter der Herrschaft innewohnt. Das ist das Wahre an Hegels Unwahrheit. Die Kraft des Ganzen, die sie mobilisiert, ist keine bloße Einbildung des Geistes, sondern die jenes realen Verblendungszusammenhangs, in den alles Einzelne eingespannt bleibt. Indem aber Philosophie wider Hegel die Negativität des Ganzen bestimmt, erfüllt sie zum letztenmal das Postulat der bestimmten Negation, welche die Position sei. Der Strahl, der in all seinen Momenten das Ganze als das Unwahre offenbart, ist kein anderer als die Utopie, die der ganzen Wahrheit, die noch erst zu verwirklichen wäre.

Skoteinos oder Wie zu lesen sei

> Ich habe nichts als Rauschen.
> Rudolf Borchardt

Die Widerstände, welche die großen systematischen Werke Hegels, zumal die Wissenschaft der Logik, dem Verständnis entgegensetzen, sind qualitativ verschieden von denen, die andere verrufene Texte bereiten. Aufgabe ist nicht einfach, durch genaue Betrachtung des Wortlauts und durch denkende Anstrengung eines zweifelsfrei vorhandenen Sinnes sich zu versichern. Sondern in vielen Partien ist der Sinn selbst ungewiß, und keine hermeneutische Kunst hat ihn bis heute fraglos etabliert; ohnehin gibt es keine Hegel-Philologie, keine zureichende Textkritik. Schopenhauers Tiraden wider den angeblichen Galimathias haben bei aller Kleinlichkeit und Rancune zumindest negativ, wie das Kind zu des Kaisers neuen Kleidern, ein Verhältnis zur Sache bekundet, wo der Bildungsrespekt und die Angst, sich zu blamieren, bloß ausweicht. Im Bereich großer Philosophie ist Hegel wohl der einzige, bei dem man buchstäblich zuweilen nicht weiß und nicht bündig entscheiden kann, wovon überhaupt geredet wird, und bei dem selbst die Möglichkeit solcher Entscheidung nicht verbrieft ist. Genannt sei, an Prinzipiellem, nur der Unterschied der Kategorien Grund und Kausalität im zweiten Buch der Großen Logik; als Detail ein paar Sätze aus dem ersten Kapitel desselben Buches: »Das Werden im Wesen, seine reflektirende Bewegung, ist daher die Bewegung von Nichts zu Nichts, und dadurch zu sich selbst zurück. Das Übergehen oder Werden hebt in seinem Übergehen sich auf; das Andere, das in diesem Übergehen wird, ist nicht das Nichtseyn eines Seyns, sondern das Nichts eines Nichts, und dieß, die Negation eines Nichts zu seyn, macht das Seyn aus. – Das Seyn ist nur als die Bewegung des Nichts zu Nichts, so ist es das Wesen;

und dieses hat nicht diese Bewegung in sich, sondern ist sie als der absolute Schein selbst, die reine Negativität, die nichts außer ihr hat, das sie negirte, sondern die nur ihr Negatives selbst negirt, das nur in diesem Negiren ist.«[1] Schon beim frühen Hegel gibt es Analoges, sogar in der als Programm überaus durchsichtigen Differenzschrift. Der Schluß des Abschnitts über das Verhältnis der Spekulation zum gesunden Menschenverstand lautet: »Wenn für den gesunden Menschenverstand nur die vernichtende Seite der Spekulation erscheint, so erscheint ihm auch dieß Vernichten nicht in seinem ganzen Umfange. Wenn er diesen Umfang fassen könnte, so hielte er sie nicht für seine Gegnerin. Denn die Spekulation fordert, in ihrer höchsten Synthese des Bewußten und Bewußtlosen, auch die Vernichtung des Bewußtseyns selbst; und die Vernunft versenkt damit ihr Reflektiren der absoluten Identität und ihr Wissen und sich selbst in ihren eigenen Abgrund. Und in dieser Nacht der bloßen Reflexion und des raisonnirenden Verstandes, die der Mittag des Lebens ist, können sich beide begegnen.«[2] Nur die ingeniöse und exakte Phantasie eines passionierten Seminarteilnehmers wird ohne Gewaltsamkeit dem letzten Satz, der es mit der exponiertesten Prosa Hölderlins aus denselben Jahren aufnimmt, sein Licht entzünden: daß die »Nacht der bloßen Reflexion« Nacht für die bloße Reflexion sei, das Leben aber, das mit dem Mittag verbunden wird, die Spekulation; denn deren Hegelscher Begriff meint, aus seiner terminologischen Verschalung herausgebrochen, nichts anderes als das nach innen geschlagene Leben noch einmal[3]; darin sind spekulative Philosophie – auch die Schopenhauers – und Musik miteinander verschwistert. Deutbar wird die Stelle durch Kenntnis des Hegelschen Gesamtzuges, zumal der Begriffskonstruktion des Kapitels, nicht aber aus dem Wortlaut des Paragraphen allein. Wer in diesen sich verbisse und dann, enttäuscht, des Abgründigen wegen ablehnte, mit Hegel sich zu befassen, dem wäre kaum mit viel mehr zu antworten als dem Allgemeinen, dessen Unzulänglichkeit Hegel selbst in jener Schrift dem nach seiner Terminologie bloß reflektierenden Verstande vorwarf. Nicht ist über die Passagen hinwegzugleiten, bei denen in der Schwebe bleibt, wovon sie handeln, sondern ihre Struktur wäre aus dem Gehalt der Hegelschen Philosophie abzuleiten. Der Charakter des Schwebenden ist ihr gesellt, in Übereinstimmung mit der Lehre, das Wahre sei in keiner einzelnen These, keiner beschränkt positiven Aussage zu greifen. Hegels Form ist dieser Absicht gemäß. Nichts läßt isoliert sich verstehen, alles nur im Ganzen, mit dem Peinlichen, daß wiederum das Ganze einzig an den singulären Momenten sein Leben hat. Solche Doppelheit der Dialektik entschlüpft aber eigentlich der literarischen Darstellung: diese ist mit Notwendigkeit endlich, soweit sie eindeutig ein Eindeutiges bekundet. Darum muß man ihr bei Hegel soviel vorgeben. Daß sie prinzipiell nicht die Einheit des Ganzen und seiner Teile mit einem Schlag bewerkstelligen kann, wird zu ihrer Blöße. Überführt jeder einzelne Satz der Hegelschen Philosophie sich der eigenen Unangemessenheit an jene, so drückt die Form das aus, indem sie keinen Inhalt voll adäquat zu fassen vermag. Sonst wäre sie der Not und Fehlbarkeit der Begriffe ledig, die der Inhalt lehrt. Darum zerlegt sich das Hegelverständnis in seine durcheinander vermittelten und gleichwohl widersprechenden Momente. Dem mit der Gesamtintention gar nicht Vertrauten sperrt sich Hegel. Sie ist zu entnehmen vor allem an dessen Kritik der geschichtlichen Philosophien und der seiner eigenen Zeit. Man muß, wie immer auch provisorisch, gegenwärtig haben, worauf Hegel jeweils hinaus will; ihn gleichsam von rückwärts aufhellen. Er verlangt objektiv, nicht bloß, um den Lesenden an die Sache zu gewöhnen, die mehrfache Lektüre. Stellt man freilich alles darauf, so kann man ihn abermals verfälschen. Leicht produziert man dann, was bislang der Interpretation am schädlichsten war, ein Leerbewußtsein des Systems, unvereinbar damit, daß es gegenüber seinen Momenten keinen abstrakten Oberbegriff bilden will, sondern nur durch die konkreten Momente hindurch seine Wahrheit gewinnen.

Zum dürftigen Verstehen von oben her verleitet ein Wesentliches an Hegel selbst. Was das Ganze und dessen Resultat sein soll: die Konstruktion des Subjekt-Objekts, jener Aufweis, daß die Wahrheit wesentlich Subjekt sei, wird tatsächlich von jedem dialektischen Schritt bereits vorausgesetzt, gemäß Hegels eigener Lehre, die Kategorien des Seins seien an sich schon, was schließlich die Lehre vom Begriff als ihr An und Für sich enthüllt. Am offensten wird das im »System« – der großen Enzyklopädie –

ausgesprochen: »Die Endlichkeit des Zwecks besteht darin, daß bei der Realisirung desselben das als Mittel dazu verwendete Material nur äußerlich darunter subsumirt und demselben gemäß gemacht wird. Nun aber ist in der That das Objekt an sich der Begriff, und indem derselbe, als Zweck, darin realisirt wird, so ist dieß nur die Manifestation seines eignen Innern. Die Objektivität ist so gleichsam nur eine Hülle, unter welcher der Begriff verborgen liegt. Im Endlichen können wir es nicht erleben oder sehen, daß der Zweck wahrhaft erreicht wird. Die Vollführung des unendlichen Zwecks ist so nur die Täuschung aufzuheben, als ob er noch nicht vollführt sey. Das Gute, das absolut Gute, vollbringt sich ewig in der Welt, und das Resultat ist, daß es schon an und für sich vollbracht ist und nicht erst auf uns zu warten braucht. Diese Täuschung ist es, in der wir leben und zugleich ist dieselbe allein das Bethätigende, worauf das Interesse in der Welt beruht. Die Idee in ihrem Proceß macht sich selbst jene Täuschung, setzt ein Anderes sich gegenüber und ihr Thun besteht darin, diese Täuschung aufzuheben. Nur aus diesem Irrthum geht die Wahrheit hervor und hierin liegt die Versöhnung mit dem Irrthum und mit der Endlichkeit. Das Andersseyn oder der Irrthum, als aufgehoben, ist selbst ein nothwendiges Moment der Wahrheit, welche nur ist, indem sie sich zu ihrem eignen Resultat macht.«[4] Das konterkariert jenes reine an die Sache und ihre Momente sich Überlassen, dem die Einleitung zur Phänomenologie vertraut. So konkret wird nicht verfahren, wie diese es will. Die isolierten Momente gehen eben doch nur darum über sich hinaus, weil die Identität von Subjekt und Objekt schon vorgedacht ist. Die Relevanz der Einzelanalysen wird immer wieder vom abstrakten Primat des Ganzen gebrochen. Die meisten Kommentare jedoch, auch der McTaggarts[5], versagen, indem sie diesem sich überantworten. Die Absicht wird für die Tat genommen, Orientierung über die Richtungstendenzen der Gedanken für ihre Richtigkeit; die Ausführung wäre dann überflüssig. Hegel selbst ist an jenem unzulänglichen Verfahren keineswegs unschuldig. Es folgt der Linie des geringsten Widerstandes; stets ist es leichter, sich wie auf einer Landkarte in einem Denken zurechtzufinden, als seiner Triftigkeit im Durchgeführten nachzugehen. So erschlafft Hegel selber zuweilen, begnügt sich mit formalen Anzeigen, Thesen, daß etwas so sei, wo es erst geleistet werden müßte. Unter den Aufgaben einer fälligen Interpretation ist nicht die geringste und nicht die einfachste, solche Passagen von denen zu scheiden, wo es wirklich gedacht wird. Wohl treten, mit Kant verglichen, bei Hegel die schematischen Elemente zurück. Aber das System fährt dem Programm des reinen Zusehens oft heftig in die Parade. Das war unvermeidlich, hätte nicht das Ganze sich hoffnungslos verstricken sollen. Hegel befleißigt sich gelegentlich, um das zu verhindern, einer Pedanterie, die wenig dem ansteht, der über Verbaldefinitionen und ihresgleichen mit Verachtung urteilt. Im Übergang von der bürgerlichen Gesellschaft in den Staat aus der Rechtsphilosophie liest man: »Der Begriff dieser Idee ist nur als Geist, als sich Wissendes und Wirkliches, indem er die Objektivirung seiner selbst, die Bewegung durch die Form seiner Momente ist. Er ist daher: A) der unmittelbare oder natürliche sittliche Geist; – die Familie. Diese Substantialität geht in den Verlust ihrer Einheit, in die Entzweiung und in den Standpunkt des Relativen über, und ist so B) bürgerliche Gesellschaft, eine Verbindung der Glieder als selbstständiger Einzelner in einer somit formellen Allgemeinheit, durch ihre Bedürfnisse, und durch die Rechtsverfassung als Mittel der Sicherheit der Personen und des Eigenthums und durch eine äußerliche Ordnung für ihre besondern und gemeinsamen Interessen, welcher äußerliche Staat sich C) in den Zweck und die Wirklichkeit des substantiellen Allgemeinen, und des demselben gewidmeten öffentlichen Lebens, – in die Staatsverfassung zurück und zusammen nimmt.«[6] Inhaltlich dürfte die Konfiguration des dynamisch-dialektischen und des konservativ-affirmatorischen Moments nicht nur in der Rechtsphilosophie jenen Überschuß starrer Allgemeinheit in allem Werdenden und Besonderen ebenso bedingen, wie sie davon bedingt wird: die Hegelsche Logik ist seine Metaphysik nicht bloß sondern auch seine Politik. Die Kunst, ihn zu lesen, hätte darauf zu merken, wo Neues, Inhaltliches einsetzt und wo eine Maschine weiterläuft, die keine sein will und nicht weiterlaufen dürfte. Zu berücksichtigen sind in jedem Augenblick zwei scheinbar unvereinbare Maximen: die minutiöser Versenkung und die freier Distanz. An Hilfe fehlt es dabei nicht. Was dem gesunden Menschenverstand Wahnsinn dünkt, hat in Hegel auch für jene lichte Momente. Von ihnen her kann der gesunde Menschenverstand Hegel sich nähern, wofern er es sich nicht aus Haß verbietet, wie ihn freilich Hegel selbst in der Differenzschrift[7] als jenem Menschenverstand eingeboren diagnostizierte. Selbst die kryptischen Kapitel bringen Sätze wie die aus der Erörterung des Scheines, die nachträglich aussprechen, daß polemisch der subjektive Idealismus und Phänomenalismus gemeint ist: »So ist der Schein das Phänomen des Skepticismus, oder auch die Erscheinung des Idealismus eine solche Unmittelbarkeit, die kein Etwas oder kein Ding ist, überhaupt nicht ein gleichgültiges Seyn, das außer seiner Bestimmtheit und Beziehung auf das Subjekt wäre.«[8]

Wer vor Hegels durchgeführten Überlegungen auf die Gesamtkonzeption sich zurückzieht, die Transparenz des Einzelnen durch die Bestimmung des Stellenwerts der Details im System ersetzt, verzichtet bereits aufs strikte Verständnis, kapituliert, weil Hegel strikt gar nicht zu verstehen sei. Wo er nachdrücklich abgelehnt wird – vor allem im Positivismus –, geht man heute kaum eigentlich auf ihn ein. Anstatt daß Kritik geübt würde, schiebt man ihn als sinnleer ab. Sinnleere ist ein eleganteres Wort für den alten Vorwurf mangelnder Klarheit. Nicht lohne es an den Zeit zu verschwenden, der nicht eindeutig zu sagen vermöchte, was er meint. Dieser Begriff von Klarheit hat, ähnlich wie die ihm verwandte Begierde nach Verbaldefinitionen, die Philosophie überlebt, in der er einmal entsprang, und von ihr sich unabhängig gemacht. Von Einzelwissenschaften, die ihn dogmatisch aufbewahren, wird er auf die Philosophie zurückübertragen, die ihn längst kritisch reflektierte und darum nicht umstandslos ihm zu willfahren hätte. Die Cartesianischen, noch bei Kant miteinander verkoppelten Begriffe der Klarheit und Deutlichkeit sind am ausführlichsten behandelt in den Principia: »Sehr viele Menschen erfassen in ihrem ganzen Leben überhaupt nichts so richtig, daß sie ein sicheres Urteil darüber fällen könnten. Denn zu einer Erkenntnis (perceptio), auf die ein sicheres und unzweifelhaftes Urteil gestützt werden kann, gehört nicht bloß Klarheit, sondern auch Deutlichkeit. Klar (clara) nenne ich die Erkenntnis, welche dem aufmerksamen Geiste gegenwärtig und offenkundig ist, wie man das klar gesehen nennt, was dem schauenden Auge gegenwärtig ist und dasselbe hinreichend kräftig und offenkundig erregt. Deutlich (distincta) nenne ich aber die Erkenntnis, welche, bei Voraussetzung der Stufe der Klarheit, von allen übrigen so getrennt und unterschieden (seiuncta et praecisa) ist, daß sie gar keine andren als klare Merkmale in sich enthält.«[9] Diese geschichtlich überaus folgenreichen Sätze sind erkenntnistheoretisch keineswegs so unproblematisch, wie der gesunde Menschenverstand heute wie damals es möchte. Descartes bringt sie als terminologische Festsetzungen vor: »claram voco illam ... perceptionem«. Er definiert Klarheit und Deutlichkeit zum Zweck von Verständigung. Ob die Erkenntnisse als solche, ihrer eigenen Beschaffenheit nach, den beiden Kriterien genügen, bleibt unausgemacht. Und zwar der Methode zuliebe*. Die Phänomenologie der cognitiven Akte selber erspart sich die Cartesianische Lehre, als wären sie wie eine mathematische Axiomatik zu behandeln, ohne Rücksicht auf ihre eigene Struktur. Dies mathematische Ideal determiniert aber auch inhaltlich die beiden methodologischen Normen. Descartes weiß sie nicht anders zu erläutern als durch den Vergleich mit der sinnlichen Welt: »sicut ea clare a nobis videri dicimus, quae, oculo intuenti praesentia, satis fortiter et aperte illum movent«[10]. Daß, bei der Diskussion gerade

---

* Eine Geschichtsphilosophie der Klarheit hätte darauf zu reflektieren, daß sie, ihrem Ursprung nach, Attribut des angeschauten Göttlichen und dessen Erscheinungsweise zugleich war, die leuchtende Aura der christlichen und jüdischen Mystik. Mit unaufhaltsamer Säkularisation wird daraus ein Methodologisches, der zum Absoluten erhobene Modus von Erkenntnis, die ihren Spielregeln genügt, ungeachtet dessen, woher das Ideal stammt und worauf es geht, ungeachtet auch des Inhalts. Klarheit ist die hypostasierte Form zulänglichen subjektiven Bewußtseins von etwas überhaupt. Sie wird dem Bewußtsein zum Fetisch. Seine Adäquanz an die Gegenstände verdrängt die Gegenstände selbst, schließlich den transzendenten Sinn; Philosophie soll dann nur noch »Streben nach letzter Klarheit« sein. Das Wort Aufklärung dürfte die Paßhöhe jener Entwicklung markieren. Seine Depotenzierung hängt wohl damit zusammen, daß die Erinnerung ans Urbild von Klarheit, das Licht, das ihr Pathos doch noch voraussetzt, seitdem erlosch. Der Jugendstil, paradoxaler Einstand von Romantik und Positivismus, hat den Doppelcharakter von Klarheit wie nach rückwärts schauend auf die Formel gebracht; ein Motto Jacobsens lautet: »Licht übers Land / Das ist's, was wir gewollt«. Handelt Husserl von »Stufen der Klarheit«, so benutzt er unwillentlich eine Metapher aus dem Tempelreich des Jugendstils, der profanen Sakralsphäre.

von Klarheit, Descartes mit einer bloßen Metapher – »sicut« – sich beschied, die notwendig von dem abweicht, was sie erläutern soll, und darum selber alles eher als klar wäre, ist nicht zu unterstellen. Er muß das Klarheitsideal von der sinnlichen Gewißheit abgezogen haben, auf welche die Rede vom Auge anspielt. Deren Substrat aber, die sinnlich-räumliche Welt, die res extensa, ist allbekannterweise bei Descartes identisch mit dem Gegenstand der Geometrie, bar jeglicher Dynamik. Das Ungenügen daran zeitigte die Leibnizsche Lehre eines infinitesimalen Kontinuums von der dunklen und verworrenen bis zur klaren Vorstellung, die Kant, gegen Descartes, übernahm: »Klarheit ist nicht, wie die Logiker sagen, das Bewußtsein einer Vorstellung; denn ein gewisser Grad des Bewußtseins, der aber zur Erinnerung nicht ausreicht, muß selbst in manchen dunklen Vorstellungen anzutreffen sein, weil ohne alles Bewußtsein wir in der Verbindung dunkler Vorstellungen keinen Unterschied machen würden, welches wir doch bei den Merkmalen mancher Begriffe (wie der von Recht und Billigkeit, und des Tonkünstlers, wenn er viele Noten im Phantasieren zugleich greift) zu tun vermögen. Sondern eine Vorstellung ist klar, in der das Bewußtsein zum Bewußtsein des Unterschiedes derselben von andern zureicht«; – Cartesianisch also »deutlich« ist, ohne daß doch das, wie im Discours de la méthode, ihre Wahrheit garantierte. Kant fährt fort: »Reicht dieses zwar zur Unterscheidung, aber nicht zum Bewußtsein des Unterschiedes zu, so müßte die Vorstellung noch dunkel genannt werden. Also gibt es unendlich viele Grade des Bewußtseins bis zum Verschwinden.«[11] Ihm so wenig wie Leibniz wäre beigekommen, alle diese Grade außer dem idealen höchsten zu entwerten. Dieser aber wird als Klarheit vom szientifischen Erkenntnisbegriff gehandhabt, als wäre er ein jederzeit und beliebig verfügbares An sich, hätte nicht in der Ära nach Descartes als Hypostase sich erwiesen. Vom Klarheitsideal wird, rationalistisch im historischen Sinn, der Erkenntnis etwas zugemutet, was a priori ihren Gegenstand zurechtstutzt, wie wenn er der statisch-mathematische sein müßte. Nur wofern vorausgesetzt wird, jener Gegenstand sei selbst so geartet, daß er vom Subjekt sich fixieren läßt wie geometrische Figuren im Blick, gilt die Norm der Klarheit schlechthin. Mit ihrer generellen Behauptung ist

über den Gegenstand vorentschieden, nach dem Erkenntnis doch, im einfachsten Verstande der scholastischen und Cartesianischen adaequatio, sich zu richten hätte. Klarheit kann aller Erkenntnis abverlangt werden nur, wofern ausgemacht ist, daß die Sachen rein sind von jeder Dynamik, die sie dem eindeutig festhaltenden Blick entzöge. Das Desiderat der Klarheit wird doppelt fragwürdig, sobald der konsequente Gedanke entdeckt, daß das, worüber er philosophiert, nicht nur am Erkennenden wie auf einem Vehikel vorüberfährt, sondern bewegt ist in sich selbst, und dadurch der letzten Ähnlichkeit mit der Cartesianischen res extensa, dem räumlich Ausgedehnten, sich entäußert. Korrelativ zu dieser Einsicht bildet sich die, daß auch das Subjekt nicht wie eine Kamera auf einem Stativ ruht, sondern vermöge seiner Beziehung zu dem in sich bewegten Gegenstand auch selber sich bewegt – eine der zentralen Lehren der Hegelschen Phänomenologie. Demgegenüber wird die schlichte Forderung von Klarheit und Deutlichkeit zum Zopf; inmitten der Dialektik beharren die traditionellen Kategorien nicht intakt, sondern jene durchdringt eine jegliche und verändert ihre inwendige Komplexion.
Trotzdem klammert die Erkenntnispraxis sich mit der primitiven Unterscheidung von Klar und Unklar an einen Maßstab, der nur auf ein statisches Subjekt und Objekt zuträfe; wohl aus beflissenem Übereifer für den arbeitsteiligen Betrieb der Einzelwissenschaften, die ihre Gegenstände und Gegenstandsbereiche unreflektiert sich vorgeben und das Verhältnis der Erkenntnis zu diesen dogmatisch normieren. Klarheit und Deutlichkeit haben ein dinghaftes Bewußtsein von Dingen zum Modell. Tatsächlich redet Descartes, durchaus im Geist seines Systems, in einer früheren Diskussion des Klarheitsideals vom Ding naiv-realistisch: »Nun hatte ich beobachtet, daß in dem Satz: ›Ich denke, also bin ich‹ überhaupt nur dies mir die Gewißheit gibt, die Wahrheit zu sagen, daß ich klar einsehe, daß man, um zu denken, sein muß, und meinte daher, ich könne als allgemeine Regel annehmen, daß die Dinge, die wir ganz klar und deutlich begreifen, alle wahr sind, daß aber nur darin eine gewisse Schwierigkeit liege, richtig zu merken, welche es sind, die wir deutlich begreifen.«[12] In der Schwierigkeit, die Descartes notiert: richtig zu merken, was wir deutlich begreifen, regt sich schwach die Erinnerung daran, daß

die Objekte selbst in den Erkenntnisakten des Subjekts gar nicht ohne weiteres jenem Anspruch sich fügen. Sonst könnten ihre Klarheit und Deutlichkeit, seine Attribute von Wahrheit, nicht wiederum Schwierigkeiten bereiten. Ist aber einmal zugestanden, daß Klarheit und Deutlichkeit keine bloßen Charaktere der Gegebenheit, nicht selber ein Gegebenes sind, dann kann über die Dignität der Erkenntnisse nicht länger danach befunden werden, wie klar und eindeutig sie als je einzelne sich präsentieren. Sobald Bewußtsein sie nicht als dinghaft festgestellte, gleichsam photographierbare auffaßt, gerät es in notwendigen Widerspruch zur Cartesianischen Ambition. Verdinglichtes Bewußtsein läßt die Gegenstände zum An sich gefrieren, damit sie als ein Für anderes, für Wissenschaft und Praxis verfügbar werden. Wohl darf man die Forderung von Klarheit nicht grob vernachlässigen, soll nicht Philosophie der Verwirrung verfallen und ihre eigene Möglichkeit zerstören. Was daran zu retten ist, wäre die Nötigung, daß der Ausdruck die ausgedrückte Sache genau trifft, auch wo diese ihrerseits der üblichen Ansicht eines klar Anzugebenden widerstreitet. Auch darin stünde Philosophie einem Paradoxon gegenüber: Unklares, nicht fest Umrissenes, der Verdinglichung nicht Willfähriges klar sagen, so also, daß die Momente, die dem fixierenden Blickstrahl entgleiten oder überhaupt nicht zugänglich sind, selber mit höchster Deutlichkeit bezeichnet werden. Das ist aber kein bloß formales Verlangen, sondern ein Stück des Gehalts selber, nach dem Philosophie sucht. Paradox ist dies Verlangen deshalb, weil die Sprache mit dem Prozeß der Verdinglichung sich verklammert. Allein schon die Form der Kopula, des »Ist«, verfolgt jene Intention des Aufspießens, deren Korrektur an der Philosophie wäre; insofern ist alle philosophische Sprache eine gegen die Sprache, gezeichnet vom Mal ihrer eigenen Unmöglichkeit. Zu bescheiden noch wäre die vertagende Haltung: daß die Forderung der Klarheit nicht sogleich und nicht fürs Isolierte gelte, aber durchs Ganze nach Hause käme, wie der Systematiker Hegel noch hoffen mochte, ohne im übrigen das Versprechen voll einzulösen. In Wahrheit entzieht Philosophie sich jener Forderung, aber in bestimmter Negation. Das muß sie zu ihrer Sache machen auch in der Darstellung; konkret sagen, was sie nicht sagen kann, die immanenten Schranken von Klarheit selbst noch trachten zu erklären. Sie tut besser daran auszusprechen, daß sie die Erwartung enttäuscht, sie erfülle in jedem Augenblick, an jedem Begriff und jedem Satz vollständig, was sie meint, als, vom Erfolg der Einzelwissenschaften eingeschüchtert, diesen eine Norm abzuborgen, vor der sie doch Bankrott machen muß. Philosophie hat mit dem zu tun, was nicht in einer vorgegebenen Ordnung von Gedanken und Gegenständen seinen Ort hat, wie es der Naivetät des Rationalismus dünkte, und was nicht auf jener als ihrem Koordinatensystem bloß abzubilden ist. In der Norm von Klarheit verschanzt sich der alte Abbildrealismus in der Erkenntniskritik, unbekümmert um deren eigene Ergebnisse. Er allein erlaubt den Glauben, jeder Gegenstand ließe fraglos, unangefochten sich widerspiegeln. Über Gegenständlichkeit, Bestimmung, Erfüllung jedoch hat Philosophie ebenso zu reflektieren wie über die Sprache und ihr Verhältnis zur Sache. Insofern sie permanent sich anstrengt, aus der Verdinglichung von Bewußtsein und Sachen auszubrechen, kann sie nicht den Spielregeln des verdinglichten Bewußtseins willfahren, ohne sich zu durchstreichen, wie wenig sie im übrigen auch, soll sie nicht ins Stammeln ausarten, jene Spielregeln einfach mißachten darf. Der Spruch Wittgensteins: »Wovon man nicht sprechen kann, darüber muß man schweigen«[13], in dem das positivistische Extrem in den Habitus ehrfürchtig-autoritärer Eigentlichkeit hinüberspielt, und der deshalb eine Art intellektueller Massensuggestion ausübt, ist antiphilosophisch schlechthin. Philosophie ließe, wenn irgend, sich definieren als Anstrengung, zu sagen, wovon man nicht sprechen kann; dem Nichtidentischen zum Ausdruck zu helfen, während der Ausdruck es immer doch identifiziert. Hegel versucht das. Weil es nie unmittelbar sich sagen läßt, weil jedes Unmittelbare falsch – und darum im Ausdruck notwendig unklar – ist, sagt er es unermüdlich vermittelt. Nicht zuletzt darum appelliert er an die sei's noch so problematische Totalität. Philosophie, die im Namen bestechend mathematisierter formaler Logik das sich abgewöhnt, verleugnet a priori ihren eigenen Begriff, das, was sie will, und wozu konstitutiv die Unmöglichkeit hinzugehört, aus der Wittgenstein und seine Anhänger ein Tabu der Vernunft über die Philosophie gemacht haben, das virtuell Vernunft selber abschafft.

Selten wurde eine Theorie der philosophischen Klarheit entworfen; statt dessen deren Begriff als selbstverständlich verwandt*. Bei Hegel dürfte sie nirgendwo thematisch sein; allenfalls e contrario, wo er den Heraklit verteidigt: »Das Dunkle dieser Philosophie liegt aber hauptsächlich darin, daß ein tiefer, spekulativer Gedanke in ihr ausgedrückt ist; dieser ist immer schwer, dunkel für den Verstand: die Mathematik dagegen ist ganz leicht. Der Begriff, die Idee ist dem Verstande« – im Gegensatz zur Vernunft – »zuwider, kann nicht von ihm gefaßt werden.«[14] Nicht dem Wortlaut, aber dem Sinn nach ist das Desiderat in Husserls ›Ideen‹ behandelt; der Begriff der Exaktheit dort ist wohl dem traditionellen der Klarheit gleichzusetzen. Er behält ihn den mathematisch definiten Mannigfaltigkeiten vor[15] und fragt, ob seine eigene phänomenologische Methode als eine »›Geometrie‹ der Erlebnisse«[16] konstituiert werden müsse oder könne: »Haben wir also auch hier nach einem definiten Axiomensystem zu suchen und darauf deduktive Theorien zu bauen?«[17] Seine Antwort reicht weiter als jene Methode. Er ist darauf aufmerksam geworden, daß über die Möglichkeit der Ableitung deduktiver Theorien aus einem definiten Axiomensystem nicht methodologisch befunden werden kann, sondern einzig vom Inhalt her. Das tangiert die sogenannte Exaktheit der Begriffsbildung, ihm zufolge Bedingung deduktiver Theorie. Sie sei »keineswegs eine Sache unserer freien Willkür und logischen Kunst ..., sondern« setze »hinsichtlich der prätendierten axiomatischen Begriffe, die doch in unmittelbarer Intuition ausweisbar sein müssen, Exaktheit in den erfaßten Wesen selbst voraus ...«. »Inwiefern aber in einem

---

* Am ehesten leistete das wohl die metaphysische Spekulation Alfred North Whitehead's in dem Buch »Adventure of Ideas« (New York 1932). Klarheit und Deutlichkeit könne es nur geben, wenn »Subjekt« starr identisch mit »Wissendem« und »Objekt« mit »Gewußtem« gesetzt werde: »No topic has suffered more from this tendency of philosophers than their account of the object-subject structure of experience. In the first place, this structure has been identified with the bare relation of knower to known. This subject is the knower, the object is the known. Thus, with this interpretation, the object-subject relation is the known-knower relation. It then follows that the more clearly any instance of this relation stands out for discrimination, the more safely we can utilize it for the interpretation of the status of experience in the universe of things. Hence Descartes' appeal to clarity and distinctness.« (p. 225).

Wesensgebiet ›exakte‹ Wesen vorfindlich sind, und ob gar allen in wirklicher Intuition erfaßbaren Wesen, und somit auch allen Wesenskomponenten exakte Wesen substruierbar sind, das ist von der Eigenart des Gebietes durchaus abhängig.«[18] Im nächsten Paragraphen unterscheidet er deskriptive von exakten Wissenschaften und urteilt über jene: »Die Vagheit der Begriffe, der Umstand, daß sie fließende Sphären der Anwendung haben, ist kein ihnen anzuheftender Makel; denn für die Erkenntnissphäre, der sie dienen, sind sie schlechthin unentbehrlich, bzw. in ihr sind sie die einzig berechtigten. Gilt es die anschaulichen Dinggegebenheiten in ihren anschaulich gegebenen Wesenscharakteren zu angemessenem begrifflichen Ausdrucke zu bringen, so heißt es eben, sie zu nehmen, wie sie sich geben. Und sie geben sich eben nicht anders, denn als fließende, und typische Wesen sind an ihnen nur in der unmittelbar analysierenden Wesensintuition zur Erfassung zu bringen. Die vollkommenste Geometrie und ihre vollkommenste praktische Beherrschung kann dem deskriptiven Naturforscher nicht dazu verhelfen, gerade das zum Ausdruck zu bringen (in exakt geometrischen Begriffen), was er in so schlichter, verständlicher, völlig angemessener Weise mit den Worten: gezackt, gekerbt, linsenförmig, doldenförmig u. dgl. ausdrückt – lauter Begriffe, die wesentlich und nicht zufällig inexakt und daher auch unmathematisch sind.«[19] Die philosophischen Begriffe unterscheiden sich demnach von den exakten als fließende kraft der Beschaffenheit dessen, worauf sie gehen. Das diktiert zugleich der Husserlschen Einsicht ihre Schranke. Er nimmt mit der reflexionsphilosophischen Disjunktion des Festen und Fließenden vorlieb, während Hegels Dialektik beides bestimmt als je in sich durchs andere vermittelt. Was aber der Logiker Husserl konzediert, der sonst gern in den Chor jener einstimmt, die Hegel wegen seiner Kritik am Satz vom Widerspruch schulmeistern, gilt gewiß für Hegel selbst, der weit energischer als Husserl die Begriffe so bilden wollte, daß in ihnen das Leben der Sache selbst erscheint, und nicht nach dem abstrakten Erkenntnisideal von Klarheit: »Ganz nur in die Sache versenkt, schien er dieselbe nur aus ihr, ihrer selbst willen und kaum aus eigenem Geist der Hörer wegen zu entwickeln, und doch entsprang sie aus ihm allein, und eine fast väterliche Sorge um Klarheit milderte den starren

Ernst, der vor der Aufnahme so mühseliger Gedanken hätte zurückschrecken können.«[20]

Während die Forderung der Klarheit sprachlich sich verstrickt, weil die Sprache der Worte selbst Klarheit eigentlich nicht gestattet – auch unter diesem Aspekt konvergiert deren Ideal mit dem mathematischen –, ist sprachlich Klarheit zugleich insofern von der Stellung des Gedankens zur Objektivität abhängig, als klar ohne Rest überhaupt nur sich sagen ließe, was wahr ist. Die volle Transparenz des Ausdrucks hängt nicht nur am Verhältnis zwischen diesem und dem vorgestellten Sachverhalt, sondern an der Triftigkeit des Urteils. Ist es unfundiert oder Fehlschluß, so sperrt es sich der adäquaten Formulierung; soweit sie die Sache nicht ganz hat, ist sie dieser gegenüber vag. Sprache selbst, kein Index des Wahren, ist doch einer des Falschen. Behält aber Hegels Verdikt seine Kraft über ihn selbst hinaus, daß philosophisch kein einzelner Satz wahr sei, so wäre einem jeden auch seine sprachliche Unzulänglichkeit vorzuhalten. Hegelisch könnte man, freilich ohne Rücksicht auf seine eigene sprachliche Praxis, sagen, die unermüdlich an ihm monierte Unklarheit sei nicht bloß Schwäche, sondern auch Motor zur Berichtigung der Unwahrheit des Partikularen, die als Unklarheit des Einzelnen sich einbekennt.

Am ehesten würde der Not eine philosophische Sprache gerecht, die auf Verständlichkeit dringt, ohne mit Klarheit sie zu verwechseln. Sprache, als Ausdruck der Sache, geht nicht in der Kommunikation, der Mitteilung an andere auf. Sie ist aber – und das wußte Hegel – auch nicht schlechthin unabhängig von Kommunikation. Sonst entschlüpfte sie jeglicher Kritik auch an ihrem Verhältnis zur Sache und erniedrigte es zur willkürlichen Prätention. Sprache als Ausdruck der Sache und Sprache als Mitteilung sind ineinander verwoben. Die Fähigkeit, die Sache selbst zu nennen, hat ebenso sich gebildet an dem Zwang, sie weiterzugeben, und bewahrt ihn auf, wie sie umgekehrt nichts mitteilen könnte, was sie nicht selber, von Rücksicht unabgelenkt, als ihre Intention hätte. Solche Dialektik trägt in ihrem eigenen Medium sich zu, ist nicht erst Sündenfall des menschenverachtenden sozialen Eifers, der darüber wacht, daß nur ja nichts gedacht werde, was nicht kommunizierbar sei. Auch das integerste sprachliche

Verfahren kann den Antagonismus von An sich und Für andere nicht fortschaffen. Während er in der Dichtung über den Köpfen der Texte hinweg sich durchsetzen mag, ist Philosophie gehalten, ihn einzubegreifen. Erschwert wird das durch die geschichtliche Stunde, in der die vom Markt diktierte Kommunikation – symptomatisch der Ersatz von Sprachtheorie durch Kommunikationstheorie – derart auf der Sprache lastet, daß diese, um der Konformität dessen zu widerstehen, was im Positivismus »Alltagssprache« heißt, zwangsläufig die Kommunikation kündigt. Lieber wird sie unverständlich, als die Sache durch eine Kommunikation zu verunstalten, welche daran hindert, die Sache zu kommunizieren. Aber die sprachliche Mühe des Theoretikers gerät an eine Grenze, die sie achten muß, wofern sie nicht durch Treue ebenso zur Sabotage an sich selbst werden will wie sonst durch Untreue. Das Moment der Allgemeinheit in der Sprache, ohne das keine wäre, verletzt unabdingbar die volle sachliche Bestimmtheit des Besonderen, das sie bestimmen will. Korrektiv ist die wie immer auch unkenntliche Anstrengung zur Verständlichkeit. Diese bleibt zur reinen sprachlichen Objektivität der Gegenpol. Einzig in der Spannung beider gedeiht die Wahrheit des Ausdrucks. Solche Spannung jedoch ist nicht eins mit dem vagen und brutalen Kommando von Klarheit, das meist darauf hinausläuft, man müsse reden, wie alle ohnehin reden, und darauf verzichten zu sagen, was anders wäre und was nur anders zu sagen ist. Der Sprache verlangt das Gebot der Klarheit – ohne Unterlaß, jetzt und hier, unmittelbar – vergebens etwas ab, was sie in der Unmittelbarkeit ihrer Worte und Sätze überhaupt nicht gewähren kann, sondern einzig, und fragmentarisch genug, in deren Konfiguration. Besser wäre ein Verfahren, das, Verbaldefinitionen als bloße Festsetzungen sorglich vermeidend, die Begriffe so getreu wie nur möglich dem anbildet, was sie in der Sprache sagen: virtuell als Namen. Die spätere, »materiale« Phänomenologie war dafür immerhin eine Vorschule. Die Anstrengung des sprachlichen Sensoriums zur Prägnanz ist dabei weit größer als die mechanische, einmal dekretierte Definitionen festzuhalten; wer zum Sklaven der eigenen Worte sich macht, erleichtert es sich, indem er sie vor die Sachen schiebt, anstatt es sich zu erschweren, soviel er auch darauf sich einbilden mag. Dennoch ist jenes Verfahren unzulänglich. Denn die Worte in den empirischen Sprachen sind keine reinen Namen, sondern immer auch θέσει, Produkte subjektiven Bewußtseins und insofern selber auch definitionsähnlich. Wer das überspringt, wird, indem er sie der Relativität der Festsetzung entreißt, einer zweiten sie überantworten, einem Rest von Beliebigkeit dessen, was darunter zu denken sei. Dagegen hat die philosophische Sprache kein Remedium, als jene Worte, die, wären sie buchstäblich als Namen gebraucht, scheitern müßten, mit Bedacht so zu verwenden, daß durch ihren Stellenwert jene Beliebigkeit sich mindert. Die sprachliche Konfiguration und der manisch angespannte Blick aufs einzelne Wort, dessen es bedarf, ergänzen sich. Vereint sprengen sie das mittlere Einverständnis, die klebrige Schicht zwischen Sache und Verständnis. Vergleichbar wäre ein rechtes sprachliches Verfahren damit, wie ein Emigrant eine fremde Sprache lernt. Er mag, ungeduldig und unter Druck, weniger mit dem Diktionär operieren, als soviel lesen, wie ihm nur erreichbar ist. Zahlreiche Worte werden dabei zwar im Kontext sich aufschließen, aber doch lange von einem Hof der Unbestimmtheit umgeben sein, selbst lächerliche Verwechslungen dulden, bis sie, durch die Fülle der Kombinationen, in denen sie erscheinen, sich ganz enträtseln und besser, als das Diktionär erlaubt, in dem allein schon die Auswahl der Synonyma mit aller Beschränktheit und sprachlichen Undifferenziertheit des Lexikographen behaftet ist.

Wahrscheinlich hat die Widerspenstigkeit der Hegelschen Texte nicht zum letzten den Grund, daß er, in allzu großem Vertrauen auf den objektiven Geist, glaubte, ohne solchen Einschuß des Fremden auszukommen, das Unsagbare so zu sagen, wie er redete. Trotzdem werden die Elemente, die bei ihm zusammentreten, Begriffe, Urteile und Schlüsse, nicht unverständlich. Nur weisen sie über sich hinaus, sind schon der eigenen Idee nach so wenig als einzelne erfüllbar, wie sonst die Bestandstücke der außerphilosophischen Sprache, die es nur nicht von sich wissen. Unter diesem Aspekt wäre die Aufgabe, Philosophie, und gar die Hegelsche, zu verstehen, die, zu verstehen, was vor der gängigen Norm der Klarheit zu Protest gehen müßte: das Gemeinte zu denken, auch wo nicht alle seine Implikate clare et distincte vorzustellen sind.

Von der Wissenschaft her gesehen, geht in philosophische Rationalität selber, als Moment, ein Irrationales ein, und an der Philosophie ist es, dies Moment zu absorbieren, ohne darum dem Irrationalismus sich zu verschreiben. Die dialektische Methode insgesamt ist der Versuch, mit dieser Zumutung fertig zu werden, indem sie vom Bann des schlaghaften Augenblicks befreit und im ausgreifenden Gedankengefüge entfaltet wird. Philosophische Erfahrung kann der exemplarischen Evidenz, des ›So ist es‹ im Horizont untilgbarer Vagheit nicht entraten. Dabei darf sie nicht stehenbleiben; wem aber derlei Evidenz bei der Lektüre irgendeiner belasteten Stelle der Hegelschen Logik überhaupt nicht aufblitzt; wer nicht merkt, was getroffen ist, selbst wenn es sich nicht voll artikuliert, der wird so wenig verstehen wie einer, der am Ungefähr philosophischen Gefühls sich berauscht. Fanatiker der Klarheit möchten dies Aufleuchtende auslöschen. Philosophie soll bar, ohne Verzug zahlen; die Teilhabe an ihr wird in der Bilanz nach dem Modell eines Aufwands von Arbeit eingeschätzt, der seinen äquivalenten Lohn haben muß. Aber Philosophie ist der Einspruch gegen das Äquivalenzprinzip, darin unbürgerlich selbst als bürgerliche. Wer ihr – »warum soll ich mich dafür interessieren?« – Äquivalente abverlangt, betrügt sich um ihr Lebenselement, den Rhythmus von Kontinuität und Intermittenz geistiger Erfahrung.

Die Bestimmtheit von Philosophie als einer Konfiguration von Momenten ist qualitativ verschieden von der Eindeutigkeit eines jeglichen auch in der Konfiguration, weil die Konfiguration selber mehr und ein anderes ist als der Inbegriff ihrer Momente. Konstellation ist nicht System. Nicht schlichtet sich, nicht alles auf in ihr, aber eines wirft Licht aufs andere, und die Figuren, welche die einzelnen Momente mitsammen bilden, sind bestimmtes Zeichen und lesbare Schrift. All das ist bei Hegel, dessen Darstellungsweise zur Sprache souverän-gleichgültig sich verhielt, noch nicht artikuliert, jedenfalls kaum in den Chemismus seiner eigenen Sprachform eingedrungen. Diese ermangelt, in allzu simplem Vertrauen auf die Totalität, jener Schärfe aus kritischem Selbstbewußtsein, die im Verein mit der Reflexion auf die notwendige Inadäquanz erst die Dialektik in die Sprache einbrächte. Verhängnisvoll wird das, weil seine Formulierungen, die abschlußhaft weder sein wollen noch können, doch vielfach klingen, als wären sie es. Hegels Sprache hat den Gestus der Lehre. Ihn motiviert die Präponderanz des quasi mündlichen Vortrags über den geschriebenen Text. Vagheit, untilgbar in Dialektik, wird bei ihm zum Defekt, weil er sprachlich kein Gegengift beimischte, während sachlich, in der Betonung und schließlich dem Lob aller Arten von Vergegenständlichung, seine Philosophie sonst damit nicht geizt. Am liebsten hätte er traditionell philosophisch geschrieben, ohne die Differenz von der traditionellen Theorie in der Sprache aufzufangen. Mit diesem Manko muß sein loyaler Interpret rechnen. An ihm wäre zu leisten, was Hegel versäumte; soviel an Prägnanz herzustellen wie nur möglich, um jene Stringenz der dialektischen Bewegung darzutun, die in Prägnanz nicht sich beruhigt. Auf keinen weniger wohl als auf Hegel paßt die ohnehin problematische Norm der Philologie, den vom Autor subjektiv gemeinten Sinn herauszuarbeiten. Denn seine von der Sache unablösbare Methode will die Sache sich bewegen lassen, nicht eigene Überlegungen entwickeln. Seine Texte sind darum nicht gänzlich durchgeformt – und das wäre notwendig: individuiert –, weil es auch ihr geistiges Medium nicht derart ist, wie man es, in den hundertfünfzig Jahren seitdem, als selbstverständlich erwartet. Man gab dem anderen Stichworte, Einsätze fast wie in der Musik. Solche apriorische Kommunikation ist dann, in der Großen Logik, zum Ferment eines nicht kommunikativen Textes geworden und macht ihn hermetisch.

Der verbreitetste Einwand gegen die angebliche Hegelsche Unklarheit ist der der Äquivokationen; noch die Überwegsche Geschichte wiederholt ihn[21]. Von Belegen dafür wimmelt es. So heißt es zu Beginn der subjektiven Logik: »Was die Natur des Begriffes sey, kann so wenig unmittelbar angegeben werden, als der Begriff irgend eines andern Gegenstandes unmittelbar aufgestellt werden kann ... Ob nun wohl der Begriff nicht nur als eine subjektive Voraussetzung, sondern als absolute Grundlage anzusehen ist, so kann er dieß doch nicht sein, als insofern er sich zur Grundlage gemacht hat. Das abstrakt-Unmittelbare ist wohl ein Erstes; als dieß Abstrakte ist es aber vielmehr ein Vermitteltes, von dem also, wenn es in seiner Wahrheit gefaßt werden soll, seine Grundlage erst zu suchen ist. Diese muß daher zwar ein Unmittelbares seyn, aber so, daß es aus der Aufhebung der Vermittelung sich zum Unmittelbaren gemacht hat.«[22] Der Begriff des Begriffs wird fraglos beide Male verschieden gebraucht. Einmal emphatisch, als »absolute Grundlage«, also objektiv, im Sinn der Sache selbst, die wesentlich Geist sei; nicht nur das aber sollen die Begriffe sein, sondern zugleich die »subjektive Voraussetzung«, das Gemachte, worunter Denken sein Anderes subsumiert. Verwirrend ist die Terminologie darum, weil auch im zweiten Fall nicht, wie man es erwartete, der Plural, sondern der Singular gewählt ist, wohl darum, weil es zum Hegelschen Begriff des Begriffs ebenso prinzipiell gehört, daß er Resultat subjektiver Synthesis ist, wie daß er das An sich der Sache ausdrückt. Erleichtert wird das Verständnis, im Unterschied zu vielen anderen Hegelschen Äquivokationen, dadurch, daß die Differenzen der beiden Begriffe vom Begriff in dem Kapitel »Vom Begriff im allgemeinen« thematisch sind. Die Rechtfertigung jener Äquivokation aber bietet Hegel ein paar Seiten später, wo er die Einheit der beiden Begriffe vom Begriff entwickelt: »Ich beschränke mich hier auf eine Bemerkung, die für das Auffassen der hier entwickelten Begriffe dienen kann, und es erleichtern mag, sich darein zu finden. Der Begriff, insofern er zu einer solchen Existenz gediehen ist, welche selbst frei ist, ist nichts Anderes als Ich oder das reine Selbstbewußtseyn. Ich habe wohl Begriffe, das heißt, bestimmte Begriffe; aber Ich ist der reine Begriff selbst, der als Begriff zum Daseyn gekommen ist.«[23] Der objektive Begriff, Hegel zufolge der der Sache selbst, der zu seiner Existenz gedieh, zum Ansichseienden wurde, ist nach der Generalthesis des Hegelschen Systems zugleich selbst Subjektivität. Darum koinzidiert schließlich die nominalistische Seite des Begriffs als eines subjektiv gebildeten mit der realistischen, dem Begriff als Ansichsein, das im Zug der Vermittlungen von der Logik selber als Subjekt, Ich, erwiesen werden soll. Diese Struktur ist prototypisch für das Subalterne des Einwands gegen Äquivokationen. Wo Hegel formal ihrer sich schuldig macht, handelt es sich meist um inhaltliche Pointen, um die Explikation dessen, daß zwei distinguierte Momente ebenso verschieden wie eines sind. Der Hegel-transzendente Einwand berührt diesen kaum. Er legt das Identitätsprinzip zugrunde: Termini müßten in der einmal ihnen definierend verliehenen Bedeutung festgehalten werden. Das ist ungebrochener Nominalismus; Begriffe sollen nichts anderes sein denn Kennmarken für die Merkmaleinheiten einer Vielfalt. Je subjektiver sie geprägt sind, desto weniger soll man an ihnen rütteln, wie wenn sonst ihr Äußerliches, bloß Gemachtes sich offenbarte. Das rationalisiert der gesunde Menschenverstand damit, daß der Frevel an der Definition die Ordnung im Denken zerstörte. Der Protest dagegen wirkt so unanfechtbar, weil er auf einer Konzeption basiert, die von nichts am Objekt wissen will, wodurch das vom subjektiven Geist ihm Auferlegte dementiert zu werden vermöchte. Heftig sträubt sie sich gegen die Erfahrung, welche die Sache selbst zum Sprechen bringen will; vielleicht aus der Ahnung heraus, daß vor jener der eigene, scheinbar unbestechliche Wahrheitsbegriff zum Geständnis seiner Unwahrheit gebracht würde. Nominalismus gehört zum bürgerlichen Urgestein und gesellt in den verschiedensten Phasen, in den verschiedensten Nationen sich der Konsolidierung städtischer Verhältnisse. Deren Ambivalenz ist ihm eingesenkt. Er trägt dazu bei, das Bewußtsein vom Druck der Autorität des Begriffs zu befreien, der als vorgängige Allgemeinheit sich etabliert hat, indem er ihn entzaubert zur bloßen Abkürzung der von ihm gedeckten Partikularitäten. Aber solche Aufklärung ist immer zugleich auch deren Gegenteil: Hypostasis des Partikularen. Insofern ermuntert der Nominalismus das Bürgertum, alles als bloße Illusion zu verdächtigen, was die isolierten Individuen hemmen würde in ihrer pursuit of happiness, der unreflektierten Jagd nach dem je eigenen Vorteil. Nichts Allgemeines soll sein, das die Scheuklappen des Besonderen, den Glauben, seine Zufälligkeit sei sein Gesetz, wegrisse. »Was ist schon der Begriff?« – die Geste drückt immer zugleich auch aus, daß der Einzelne Geld zu verdienen hat und daß das wichtiger sei als alles andere. Wäre der Begriff soweit selbständig, daß er nicht in den Einzelheiten sich erschöpfte, aus denen er sich zusammensetzt, so wäre das bürgerliche Individuationsprinzip zuinnerst erschüttert. Es wird aber um so boshafter verteidigt, als es selber Schein ist; als durch die Einzelinteressen hindurch das schlechte Allgemeine sich realisiert, das tendenziell die Einzelinteressen wiederum unter sich begräbt. Dieser Schein wird krampfhaft festgehalten, weil sonst weder die Verblendeten mehr unangefochten weitermachen, noch an die Metaphysik ihrer »Jemeinigkeit«, die Heiligkeit von Besitz schlechthin, glauben könnten. Individualität ist, unter diesem Aspekt, das sich selbst zum Besitz gewordene Subjekt. Der anti-ideologische Nominalismus ist von Anbeginn auch Ideologie. Hegels Logik wollte mit ihren Mitteln, die nicht auf Gesellschaft transparent sind, diese Dialektik austragen, mit dem ideologischen Rest, daß dabei dem Liberalen das in den Einzelindividuen und über sie hinweg waltende Allgemeine zum Positiven sich verklärte. Nur eine solche ideologische Wendung erlaubt Hegel, die gesellschaftliche Dialektik von Allgemeinem und Besonderem zur logischen zu neutralisieren. Der Begriff, der bei ihm doch die Wirklichkeit selber sein soll, bleibt dadurch, daß er zur Wirklichkeit proklamiert wird, Begriff. Aber für Hegel ist das Maß des Begriffs wie bei Platon der Anspruch der Sache selbst, nicht die definitorische Veranstaltung des Subjekts. Deshalb suspendiert er die Identität des Begriffs als Kriterium von Wahrheit. Es allein aber würdigt zur Äquivokation herab, was die Bedeutungen der Begriffe verändert ihrem eigenen Gehalt zuliebe.

Gleichwohl hat Hegel das Identitätsprinzip nicht einfach umgestoßen, sondern eingeschränkt; nach seiner Art verachtet und geachtet zugleich. Nur vermöge jenes Prinzips, also indem das Leben der vom Begriff ausgedrückten Sache mit der einmal fixierten Bedeutung verglichen wird, und indem dabei die alte Bedeutung als ungültig zu Protest geht, konstituiert sich überhaupt die andere. Entweder behandelt Hegel die Termini so wie die nichtphilosophische Sprache unbedenklich viele ihrer Worte und Wortklassen: okkasionell. Während in solchen Worten manche Bedeutungsschichten konstant bleiben, empfangen sie andere je nach dem Kontext. Die philosophische Sprache bildet sich insofern der naiven an, als sie, skeptisch gegen die wissenschaftliche, durch den Zusammenhang die Starrheit von deren Definitionssystemen verflüssigt. Solche okkasionellen Äquivokationen widerfahren bei Hegel Ausdrücken wie dem verschwenderisch gebrauchten »unmittelbar«. Wo er sagen will, die Vermittlung sei in der Sache selbst, nicht zwischen mehreren Sachen, verwendet er »unmittelbar« vielfach fürs Mittelbare: eine Kategorie sei unmittelbar ihr

Gegenteil heißt dann soviel wie: sie sei in sich selbst auch ihr Gegenteil, anstatt erst durch Beziehung auf ein ihr Auswendiges. »So ist die ausschließende Reflexion Setzen des Positiven, als ausschließend das Andere, so daß dieß Setzen unmittelbar das Setzen seines Andern, es ausschließenden, ist. Dieß ist der absolute Widerspruch des Positiven, aber er ist unmittelbar der absolute Widerspruch des Negativen; das Setzen beider ist Eine Reflexion.«[24] Danach ist die Vermittlung selber unmittelbar, weil das Gesetzte, Vermittelte nichts vom Primären Verschiedenes, weil dieses selber gesetzt sei. Ähnlich, krasser noch, später in einer Anmerkung: »Die unvermittelte Identität der Form, wie sie hier noch ohne die inhaltsvolle Bewegung der Sache selbst gesetzt ist, ist sehr wichtig, bemerkt zu werden. Sie kommt in der Sache vor, wie diese in ihrem Anfange ist. So ist das reine Seyn unmittelbar das Nichts.«[25] »Unmittelbar« klingt hier bloß paradox; gemeint aber ist, daß das Nichts keine zum reinen Sein von außen hinzutretende Kategorie sei, sondern das reine Sein, als schlechthin Unbestimmtes, nichts an sich selbst. Die gründliche terminologische Analyse von Hegels Sprache könnte solche Äquivokationen vollständig registrieren und vermutlich aufhellen. Sie müßte sich auch mit Kunstworten wie Reflexion befassen. Es deckt, nach einer im nach-Kantischen Idealismus gängigen Unterscheidung, den endlichen, beschränkten Verstandesgebrauch und, etwas weitherziger, die positivistisch-szientifische Haltung insgesamt; dann jedoch auch, in der Großarchitektur der ›Wissenschaft der Logik‹, die »Reflexionsbestimmungen«, also die kritische Reflexion der objektiven ersten, quasi-Aristotelischen Kategorienlehre, die dann selbst wiederum ihrer Scheinhaftigkeit überführt wird und zum emphatischen Begriff des Begriffs geleitet. – Oder die Äquivokationen sind solche im Ernst: philosophische Kunstmittel, durch welche die Dialektik des Gedankens sich sprachlich realisieren will, zuweilen mit einer etwas gewaltsamen, Heidegger antezipierenden Tendenz, sprachliche Sachverhalte gegenüber den gemeinten zu verselbständigen, freilich mit weniger Nachdruck als Heidegger und darum unschuldiger. Schon in der Phänomenologie jongliert Hegel etwa mit »Erinnerung«: »Indem seine« – des Geistes – »Vollendung darin besteht, das was er ist, seine Substanz, vollkommen zu wissen, so ist dieß Wissen sein

Insichgehen, in welchem er sein Daseyn verläßt und seine Gestalt der Erinnerung übergiebt. In seinem Insichgehen ist er in der Nacht seines Selbstbewußtseyns versunken, sein verschwundenes Daseyn aber ist in ihr aufbewahrt, und dieß aufgehobne Daseyn, – das vorige, aber aus dem Wissen neugeborne, – ist das neue Daseyn, eine neue Welt und Geistesgestalt. In ihr hat er eben so unbefangen von vorn bei ihrer Unmittelbarkeit anzufangen und sich von ihr auf wieder groß zu ziehen, als ob alles Vorhergehende für ihn verloren wäre und er aus der Erfahrung der früheren Geister nichts gelernt hätte. Aber die Er-Innerung hat sie aufbewahrt und ist das Innere und die in der That höhere Form der Substanz. Wenn also dieser Geist seine Bildung, von sich nur auszugehen scheinend, wieder von vorn anfängt, so ist es zugleich auf einer höheren Stufe, daß er anfängt.«[26] Die abgedroschenste funktionelle Äquivokation ist die von »aufheben«; doch läßt sich die Technik auch in subtileren Fällen, geheimen Wortspielen verfolgen; zumal mit dem Begriff des Nichts verübt er einiges. Solche Sprachfiguren wollen nicht wörtlich genommen werden, sondern ironisch, als Eulenspiegelei. Ohne eine Miene zu verziehen, überführt Hegel die Sprache durch die Sprache der leeren Anmaßung ihres selbstzufriedenen Sinnes. Die Funktion der Sprache in solchen Passagen ist nicht apologetisch, sondern kritisch. Sie desavouiert das endliche Urteil, das in seiner Partikularität, objektiv und ohne etwas dagegen zu vermögen, sich gebärdet, als hätte es absolute Wahrheit. Die Äquivokation will die Unangemessenheit der statischen Logik an die in sich vermittelte, als seiende werdende Sache mit logischen Mitteln demonstrieren. Die Wendung der Logik gegen sich selbst ist das dialektische Salz von derlei Äquivokationen. – Die kurrente Auffassung von der Äquivokation ist nicht als solche unbesehen zu akzeptieren. Semantische Analyse, die Äquivokationen herauspräpariert, ist notwendige, doch keineswegs zureichende Bedingung der sprachlichen Rechenschaft von Philosophie. Zwar kann diese nicht verstehen, wer nicht etwa die Bedeutungen des Terminus immanent und des korrelativen transzendent erst einmal trennt; die logische, ob eine Überlegung innerhalb der Voraussetzungen des Theorems verbleibt, dem sie gilt, oder nicht; die erkenntnistheoretische, ob der Gedanke ausgeht von Bewußtseinsimmanenz, dem sogenannten Zusammenhang des Gegebenen innerhalb des Subjekts; die metaphysische, ob Erkenntnis in den Grenzen möglicher Erfahrung sich halte. Die Wahl des gleichen Wortes für die verschiedenen γένη ist aber selbst in der kurrenten Terminologie nicht zufällig. So hängen die erkenntnistheoretische und die metaphysische Bedeutung von transzendent zusammen; das erkenntnistheoretisch absolut Transzendente – das Kantische Ding an sich –, also das nicht im sogenannten Bewußtseinsstrom Ausweisbare, wäre auch metaphysisch transzendent. Hegel steigerte das zur These, Logik und Metaphysik seien Eines. Schon in der vordialektischen Logik vertuschen Äquivokationen nicht absolute Verschiedenheiten, sondern bezeugen auch die Einheit des Verschiedenen. Ihre Aufklärung bedarf ebenso der Einsicht in jene Einheit wie der Markierung der Differenzen. Dialektische Philosophie verhalf bloß einem Sachverhalt, der in der traditionellen Terminologie und ihrer Geschichte wider ihren Willen sich durchsetzt, zum Selbstbewußtsein. Von ihm zehren die Hegelschen Äquivokationen, wenngleich bei ihm das Moment der Distinktion zugunsten unterschiedsloser Gleichheit zuweilen verkümmert.

Trotz solchen Nachlässigkeiten sind in den Hegelschen Schriften superlativische Äußerungen über die Sprache verstreut. Sie sei »für den Geist ... sein vollkommener Ausdruck«[27], ja »die höchste Macht unter den Menschen«[28]. Auch die Logik geht davon nicht ab. Sie behandelt das »Element der Mittheilung«: »im Körperlichen hat das Wasser die Funktion dieses Mediums; im Geistigen, insofern in ihm das Analogon eines solchen Verhältnisses Statt findet, ist das Zeichen überhaupt, und näher die Sprache dafür anzusehen«[29]. Gleicher Tendenz bereits die Lehre der Phänomenologie, der zufolge die Sprache auf die Stufe der Bildung gehört, wo »die für sich seyende Einzelnheit des Selbstbewußtseyns als solche in die Existenz« tritt, »so daß sie für Andre ist«[30]. Danach scheint es, daß Hegel, erstaunlich genug, die Sprache, der er doch ihren Ort im dritten Buch der Logik zuwies, nicht in die Sphäre des objektiven Geistes zugelassen hat, sondern wesentlich als »Medium« oder »Für Andre«, als Träger subjektiver Bewußtseinsinhalte anstatt als Ausdruck der Idee dachte. Nominalistische Züge fehlen nirgends seinem System, das sich zuspitzt wider die übliche Dichotomie, auch das ihm Konträre zu absorbieren sich gehalten sieht, und dessen Tenor dem vergeblichen Versuch widerstritte, die Kritik an der Eigenständigkeit des Begriffs einfach zurückzunehmen. Hegel mochte die Sprache, soweit er ihr seine Aufmerksamkeit zukehrte – und daß der Zeitgenosse Humboldts so wenig um sie sich kümmerte, ist auffällig genug –, eher, nach gegenwärtigen Begriffen, als Kommunikationsmittel betrachten denn als jene Erscheinung der Wahrheit, welche, wie die Kunst, Sprache strengen Sinnes für ihn sein müßte. Damit harmoniert seine Abneigung gegen kunstvolle und nachdrückliche Formulierung; er urteilt unfreundlich über die »geistreiche Sprache«[31] des sich entfremdeten Geistes, der bloßen Bildung. So reagierten Deutsche von je auf Voltaire und Diderot. In Hegel lauert schon die akademische Rancune gegen eine sprachliche Selbstreflexion, die vom mediokren Einverständnis allzu weit sich entferne; seine stilistische Indifferenz mahnt an seine fatale Bereitschaft, durch Reflexion der Reflexion mit dem vorkritischen Bewußtsein gemeinsame Sache zu machen, durch Unnaivetät die Naiven in ihrer Willfährigkeit zu bestärken. Schwerlich wünschte er die Opposition der Sprache gegen das Einverständnis, mochte nun darin seine eigene sprachliche Erfahrung oder Mangel an ihr sich niederschlagen. Seine sprachliche Praxis gehorcht einer leise archaistischen Vorstellung vom Primat des gesprochenen Wortes über das geschriebene, wie sie der wohl hegt, der eigensinnig an seinem Dialekt hängt. Die vielfach wiederholte, ursprünglich von Horkheimer stammende Bemerkung, nur der verstehe Hegel richtig, der Schwäbisch könne, ist kein bloßes Aperçu über linguistische Eigenheiten, sondern beschreibt den Hegelschen Sprachgestus selber. Er ließ es nicht bei der Geringschätzung des sprachlichen Ausdrucks sein Bewenden haben, schrieb nicht professoral um den Ausdruck unbekümmert – das bürgerte erst im Zeitalter des Niedergangs der Universitäten sich ein –, sondern erhob, sei es auch bewußtlos, sein skeptisches, dem Unverbindlichen geneigtes Verhältnis zur Sprache zum Stilisationsprinzip. Genötigt war er dazu durch eine Aporie. Er mißtraute dem eigenmächtigen, gleichsam gewalttätigen sprachlichen Ausdruck und wurde doch durchs spekulative, vom gesunden Menschenverstand der Alltagssprache überaus distanzierte Wesen der eigenen Philosophie zur spezifischen Sprachform gedrängt. Seine Lösung war, auf ihre unscheinbare Weise, recht radikal. Anstatt als Verächter des durchartikulierten Wortes selber der Sprache der Bildung, dem philosophischen Allerweltsjargon als einem Vorgegebenen und Plappernden sich zu überlassen, hat er das Prinzip der Fixierung, ohne die kein Sprachliches überhaupt ist, paradox herausgefordert. So wie man heutzutage von Anti-Materie spricht, sind die Hegelschen Texte Anti-Texte. Während das Extrem an Abstraktion, das die größten unter ihnen leisten und erheischen, äußerste Anspannung des objektivierenden, von der Unmittelbarkeit des erfahrenden Subjekts sich befreienden Denkens involviert, sind seine Bücher eigentlich keine solchen sondern notierter Vortrag; vielfach bloß Nachhall, der noch gedruckt unverbindlich bleiben will. Exzentrizitäten wie die, daß er nur den kleineren Teil seiner Werke edierte; daß das meiste, selbst die ausführliche Gestalt des Gesamtsystems, einzig in Kolleghesten von Hörern oder als entwurfartiges Manuskript vorliegt, das erst aus den Niederschriften ganz sich konkretisiert – solche Züge sind seiner Philosophie inhärent. Zeit seines Lebens war Hegel Aristoteliker darin, daß er alle Phänomene auf ihre Form reduzieren wollte. So verfuhr er sogar mit dem Zufälligen der akademischen Vorlesung. Seine Texte sind deren Platonische Idee. Daß ein Denken von so maßlosem Anspruch soll darauf verzichtet haben, sich selbst bestimmt, definitiv zu überliefern, ist erklärbar einzig aus seinem Darstellungsideal, der Negation von Darstellung. Zugleich ist, in dem Lockeren eines noch im Exponiertesten eher gesprochenen als geschriebenen Vortrags, ein Korrektiv zu suchen gegen jene Hybris des Abschließenden und Endlichen, deren man Hegels Werk schon zu seinen Lebzeiten anklagte. Dieser Habitus eignet keineswegs bloß den Systemteilen, die nur als Gedächtnisstützen existieren und die er gar nicht, oder bloß kondensiert, herausgab; er hat offenbar im Laufe der Jahre eher sich verstärkt. Die Phänomenologie mag man zur Not noch als Buch betrachten, die Große Logik gestattet es nicht mehr. Ihre Lektüre mahnt an H. G. Hothos Beschreibung des Dozenten Hegel aus seiner Berliner Zeit: »Abgespannt, grämlich saß er mit niedergebücktem Kopf in sich zusammengefallen da, und blätterte und suchte immerfort sprechend in den langen Folioheften vorwärts und rückwärts, unten und oben; das stete Räuspern und Husten störte allen Fluß der Rede, jeder Satz stand vereinzelt da, und kam mit Anstrengung zerstückt und durcheinander geworfen heraus; jedes Wort, jede Sylbe löste sich nur widerwillig los, um von der metalleeren Stimme dann in Schwäbisch breitem Dialekt, als sey jedes das Wichtigste, einen wundersam gründlichen Nachdruck zu erhalten ... Eine glatthinströmende Beredsamkeit setzt das in- und auswendige Fertigseyn mit ihrem Gegenstande voraus, und die formelle Geschicklichkeit vermag im Halben und Platten am anmuthigsten geschwätzig fortzugleiten. Jener aber hatte die mächtigsten Gedanken aus dem untersten Grunde der Dinge heraufzufördern, und sollten sie lebendig einwirken, so mußten sie sich, wenn auch jahrelang zuvor und immer von neuem durchsonnen und verarbeitet, in stets lebendiger Gegenwart in ihm selber wieder erzeugen.«[32] Der Vortragende rebellierte gegen das verhärtete An sich der Sprache, und dabei hat seine eigene den Kopf sich eingerannt. Denkmal dieser Intention ist der Anfang des ersten Kapitels des ersten Buches der Logik, »Seyn, reines Seyn, – ohne alle weitere Bestimmung«[33], ein Anakoluth, der gleichwie mit Hebelscher Verschlagenheit sich der Not zu entwinden sucht, daß die »unbestimmte Unmittelbarkeit«, würde sie auch nur in die Form eines prädikativen Satzes wie »Seyn ist der allgemeinste Begriff, ohne alle weitere Bestimmung« gekleidet, dadurch selber bereits eine Bestimmung empfinge, durch welche der Satz sich widerspräche. Hielte man dem Kunststück entgegen, das reine Nomen sei strengen Sinnes gar nicht zu verstehen, vollends nicht von seinem Widerspruch zu handeln, da nur Sätze sich widersprechen können und nicht bloße Begriffe, so dürfte er verschmitzt dem beipflichten: der Einwand motiviere bereits die erste Antithesis zur ersten Thesis, er selbst führe ja aus, solches Sein sei nichts. In derlei Sophismen stellt jedoch eine Identitätsphilosophie, die schon mit dem ersten Wort um jeden Preis, auch den schäbigsten, das letzte behalten will, weil sie am Ende recht haben soll, nicht nur sich dumm. Unmittelbar kann der Protest der Dialektik gegen die Sprache anders als in der Sprache gar nicht laut werden. Deshalb bleibt er zur ohnmächtigen Paradoxie verurteilt, und macht aus deren Not seine Tugend.

Hothos Beschreibung fördert Einsichten zutage, die bis ins Zentrum von Hegels literarischer Form reichen. Diese ist das schroffe Gegenteil der Nietzscheschen Maxime, man könne nur über das schreiben, womit man fertig geworden sei, was man hinter sich gelassen habe. Ist der Gehalt seiner Philosophie Prozeß, so möchte sie sich selbst als Prozeß aussprechen, in permanentem status nascendi, Negation von Darstellung als einem Geronnenen, das nur dann dem Dargestellten entspräche, wenn jenes selber ein Geronnenes wäre. Mit einem anachronistischen Vergleich sind Hegels Publikationen eher Filme des Gedankens als Texte. Wie das ungeschulte Auge Details eines Films nie so festhalten wird wie die eines stillgestellten Bildes, so ergeht es mit seinen Schriften. Ihr spezifisch Prohibitives ist darin zu suchen, und an eben dieser Stelle bleibt Hegel hinter dem dialektischen Inhalt zurück. Der bedürfte, aus seiner einfachen Konsequenz, einer zu ihm antithetischen Darstellung. Die einzelnen Momente müßten sprachlich so scharf sich abheben, so verantwortlich ausgedrückt sein, daß der subjektive Denkprozeß und sein Belieben von ihnen abfällt. Assimiliert dagegen die Darstellung widerstandslos sich der Bewegungsstruktur, so wird der Preis zu billig bemessen, den die Kritik des spekulativen Begriffs an der traditionellen Logik dieser zu entrichten hat. Dem ist Hegel nicht gerecht geworden. Schuld mag mangelnde Sensibilität für die Sprachschicht insgesamt tragen; manches stofflich Krude in der Ästhetik erregt den Argwohn. Vielleicht jedoch war der sprachfeindliche Impuls eines Denkens, das die Schranke jegliches einzelnen Bestimmten als eine der Sprache wahrnimmt, so tief, daß der Stilist Hegel den Vorrang der Objektivation aufopferte, den diese inhaltlich in seinem gesamten œuvre behauptet. Der auf alle Reflexion reflektierte, reflektierte nicht auf die Sprache: in ihr bewegte er sich mit einer Lässigkeit, die unvereinbar ist mit dem Gesagten. Seine Schriften sind der Versuch, in der Darstellung dem Gehalt unmittelbar ähnlich zu werden. Ihr signifikativer Charakter tritt zurück hinter einem mimetischen, einer Art gestischer oder Kurvenschrift, seltsam disparat zum feierlichen Anspruch von Vernunft, den Hegel von Kant und der Aufklärung ererbte. Analog sind Dialekte, gar der schwäbische mit dem unübersetzbaren »Ha no«, Repositorien von Gesten, welche den Hochsprachen abgewöhnt wurden. Die vom reifen Hegel geringschätzig behandelte Romantik, die doch das Ferment seiner eigenen Spekulation war, mochte an ihm sich rächen, indem sie seiner Sprache sich bemächtigte wie ihrer eigenen im volkstümlichen Ton. Abstrakt strömend, nimmt Hegels Stil, ähnlich den Abstrakta Hölderlins, eine musikhafte Qualität an, die dem nüchternen des romantischen Schelling abgeht. Zuweilen bekundet er sich etwa im Gebrauch von antithetischen Partikeln wie »Aber« zum Zweck bloßer Verbindung: »Weil nun im Absoluten die Form nur die einfache Identität mit sich ist, so bestimmt sich das Absolute nicht; denn die Bestimmung ist ein Formunterschied, der zunächst als solcher gilt. Weil es aber zugleich allen Unterschied und Formbestimmung überhaupt enthält, oder weil es selbst die absolute Form und Reflexion ist, so muß auch die Verschiedenheit des Inhalts an ihm hervortreten. *Aber* das Absolute selbst ist die absolute Identität; dieß ist seine Bestimmung, indem alle Mannigfaltigkeit der an sich seyenden und der erscheinenden Welt, oder der innerlichen und äußerlichen Totalität in ihm aufgehoben ist.«[34] Wohl ist Hegels Stil dem üblichen philosophischen Verständnis entgegen, doch bereitet er, durch seine Schwäche, ein anderes vor: man muß Hegel lesen, indem man die Kurven der geistigen Bewegung mitbeschreibt, gleichsam mit dem spekulativen Ohr die Gedanken mitspielt, als wären sie Noten. Ist Philosophie insgesamt mit der Kunst alliiert, soweit sie im Medium des Begriffs die von diesem verdrängte Mimesis[35] erretten möchte, dann verfährt Hegel dabei wie Alexander mit dem gordischen Knoten. Er depotenziert die einzelnen Begriffe, handhabt sie, als wären sie die bilderlosen Bilder dessen, was sie intendieren. Daher der Goethesche Bodensatz des Absurden in der Philosophie des absoluten Geistes. Womit sie über den Begriff hinaus will, das treibt sie im Einzelnen stets wieder unter den Begriff. Ehre tut Hegel erst der Leser an, der nicht bloß solche fraglose Schwäche ihm ankreidet, sondern noch in ihr den Impuls wahrnimmt; versteht, warum dies oder jenes unverständlich sein muß, und dadurch es selber versteht.

Vom Leser erwartet Hegel ein Doppeltes, das dem dialektischen Wesen selber nicht schlecht anstünde. Er soll mitgleiten, vom Fluß sich tragen lassen, das Momentane nicht zum Verweilen nötigen. Sonst veränderte er es trotz größter Treue und durch sie. Andererseits jedoch ist ein intellektuelles Zeitlupenverfahren auszubilden, das Tempo bei den wolkigen Stellen so zu verlangsamen, daß diese nicht verdampfen, sondern als Bewegte sich ins Auge fassen lassen. Kaum je werden beide Verfahren demselben Akt des Lesens zuteil. Er wird ebenso in seine Gegensätze sich zerlegen müssen wie der Gehalt selber. Die Marxische Formulierung, Philosophie gehe in Geschichte über, charakterisiert in gewissem Sinn bereits Hegel*. Indem bei ihm Philosophie zum Zusehen und Beschreiben der Bewegung des Begriffs wird, entwirft virtuell die Phänomenologie des Geistes dessen Historiographie. Hastig gleichsam versucht Hegel, die Darstellung danach zu modeln; so zu philosophieren, als ob man Geschichte schriebe, durch den Denkmodus die in Dialektik konzipierte Einheit des Systematischen und Historischen erzwänge. Unter dieser Perspektive wäre, was der Hegelschen Philosophie an clarté mangelt, bedingt von der hineinragenden historischen Dimension. In der Darstellung birgt sich die Spur des dem Begriff inkommensurablen empirischen Elements. Weil es vom Begriff nicht rein durchdrungen werden kann, ist es an sich widerspenstig gegen die Norm der clarté, die, ursprünglich explizit, später ohne daran sich zu erinnern, dem Ideal des wie aller Empirie so auch der historischen entgegengesetzten Systems entlehnt ist. Während Hegel zur Integration des geschichtlichen Moments ins logische, und umgekehrt, gedrängt ist, verwandelt sich doch der Versuch dazu in Kritik an seinem eigenen System. Es muß die begriffliche Irreduktibilität

---

* »Die selbständige Philosophie verliert mit der Darstellung der Wirklichkeit ihr Existenzminimum. An ihre Stelle kann höchstens eine Zusammenfassung der allgemeinsten Resultate treten, die sich aus der Betrachtung der historischen Entwicklung der Menschen abstrahieren lassen. Diese Abstraktionen haben für sich, getrennt von der wirklichen Geschichte, durchaus keinen Wert. Sie können nur dazu dienen, die Ordnung des geschichtlichen Materials zu erleichtern, die Reihenfolge seiner einzelnen Schichten anzudeuten.« (Marx-Engels, Die deutsche Ideologie, Berlin 1953, S. 23 f.) Pointierter noch eine Textvariante: »Wir kennen nur eine einzige Wissenschaft, die Wissenschaft der Geschichte. Die Geschichte kann von zwei Seiten aus betrachtet, in die Geschichte der Natur und die Geschichte der Menschheit abgeteilt werden. Beide Seiten sind indes nicht zu trennen; solange Menschen existieren, bedingen sich Geschichte der Natur und Geschichte der Menschen gegenseitig.« (Deutsche Ideologie, in: MEGA, Bd. V, 1. Abteilung, Berlin 1932, S. 567.)

des in sich selbst historischen Begriffs einbekennen: nach logisch-systematischen Kriterien stört Geschichtliches, trotz allem, als blinder Fleck. In der Rechtsphilosophie hat Hegel das sehr wohl gesehen, freilich damit eine seiner zentralen Intentionen desavouiert und für die herkömmliche Trennung des Historischen und Systematischen optiert: »Das in der Zeit erscheinende Hervortreten und Entwickeln von Rechtsbestimmungen zu betrachten, – diese rein geschichtliche Bemühung, so wie die Erkenntniß ihrer verständigen Konsequenz, die aus der Vergleichung derselben mit bereits vorhandenen Rechtsverhältnissen hervorgeht, hat in ihrer eigenen Sphäre ihr Verdienst und ihre Würdigung und steht außer dem Verhältniß mit der philosophischen Betrachtung, insofern nämlich die Entwickelung aus historischen Gründen sich nicht selbst verwechselt mit der Entwickelung aus dem Begriffe, und die geschichtliche Erklärung und Rechtfertigung nicht zur Bedeutung einer an und für sich gültigen Rechtfertigung ausgedehnt wird. Dieser Unterschied, der sehr wichtig und wohl festzuhalten ist, ist zugleich sehr einleuchtend; eine Rechtsbestimmung kann sich aus den Umständen und vorhandenen Rechts-Institutionen als vollkommen gegründet und konsequent zeigen lassen und doch an und für sich unrechtlich und unvernünftig seyn, wie die Menge der Bestimmungen des römischen Privatrechts, die aus solchen Institutionen, als die römische väterliche Gewalt, der römische Ehestand, ganz konsequent flossen. Es seyen aber auch die Rechtsbestimmungen rechtlich und vernünftig, so ist es etwas ganz anderes, dieß von ihnen aufzuzeigen, was allein durch den Begriff wahrhaftig geschehen kann, und ein anderes, das Geschichtliche ihres Hervortretens darzustellen, die Umstände, Fälle, Bedürfnisse und Begebenheiten, welche ihre Feststellung herbeigeführt haben. Ein solches Aufzeigen und (pragmatisches) Erkennen aus den nähern oder entferntern geschichtlichen Ursachen heißt man häufig: Erklären oder noch lieber Begreifen, in der Meinung, als ob durch dieses Aufzeigen des Geschichtlichen Alles oder vielmehr das Wesentliche, worauf es allein ankomme, geschehe, um das Gesetz oder die Rechts-Institution zu begreifen; während vielmehr das wahrhaft Wesentliche, der Begriff der Sache, dabei gar nicht zur Sprache gekommen ist.«[36]

In dem Begriffslosen, das der Hegelschen Bewegung des Begriffs widersteht, gewinnt die Nichtidentität über ihn die Oberhand. Was am Ende die gegen das Identitätssystem sich behauptende Wahrheit wäre, wird in diesem selbst zu seinem Makel, zum Undarstellbaren. Darauf wird von Hegels Lesern seit je allergisch reagiert. Der restaurative Liberale verletzt ein bürgerliches Tabu. Vorgewiesenes soll fertig, abgeschlossen sein, wohl nach den Gepflogenheiten des Warentauschs, in dem der Kunde darauf insistiert, daß das ihm um den vollen Preis Gelieferte nun auch das gesamte Quantum Arbeit verkörpere, für welches er das Äquivalent zahlt; bleibt noch etwas daran zu tun, so fühlt er sich betrogen. Die Arbeit und Anstrengung des Begriffs, welche die Hegelsche Philosophie nicht bloß von sich sondern in einem über jedes gewohnte Maß von Rezeption qualitativ hinausgehenden Sinn vom Leser erwartet, wird ihm angekreidet, als hätte er nicht genügend Schweiß aufgewandt. Das Tabu reicht hinab bis in das idiosynkratische Gebot des Marktes, daß am Produkt die Spur des Menschlichen getilgt, daß es selber reines An sich sei. Der Fetischcharakter der Ware ist nicht bloß Schleier sondern Imperativ. Geronnene Arbeit, der man anmerkt, daß sie die von Menschen ist, wird mit Ekel abgewehrt. Ihr Menschengeruch verrät den Wert als Verhältnis zwischen Subjekten anstelle des den Dingen Anhaftenden, als das er registriert wird. Der Besitz, unter dessen Kategorie die bürgerliche Gesellschaft auch ihre Geistesgüter subsumiert, ist kein absoluter. Wird das sichtbar, so scheint am Heiligsten gefrevelt. Wissenschaftler geraten gern in Wut angesichts von Theoremen oder Gedanken, die sie noch nicht als vollbewiesene nach Hause tragen können. Das Unbehagen am Konzeptcharakter, welcher der Hegelschen Philosophie nicht äußerlich ist, rationalisiert sich dann zur hämischen Behauptung, der Inkriminierte bringe selber nicht zustande, wozu er den anderen verhalte. So in dem bekannten Bericht des Tübinger Universitätskanzlers Gustav Rümelin über Hegel. Mit unverwüstlich wohlfeiler Ironie fragt er: »Verstehst du es denn? bewegt sich der Begriff in dir von selbst und ohne dein Zutun? schlägt er in sein Gegenteil um, und springt daraus die höhere Einheit der Gegensätze hervor?«[37] Als ob es darum sich handelte, daß der bewundernd oder abschätzig vielberufene »spekulative Kopf«

subjektiv irgendwelche besonderen Saltos absolviere, um fertigzubringen, was Hegel dem Begriff selber zuschreibt; als wäre die Spekulation ein esoterisches Vermögen, nicht die kritische Selbstbesinnung der Reflexion, dieser feindlich verschwistert wie nur bereits bei Kant die Vernunft dem Verstande. Unter den Voraussetzungen dafür, Hegel recht zu lesen, ist wohl die erste, solcher eingewurzelter Gewohnheiten sich zu entschlagen, die der Inhalt der Hegelschen Philosophie dementiert. Nichts hilft es, sich abzuzappeln wie der Kalif und der Großwesir als Störche, die vergebens auf das Wort mutabor sich besinnen. Weder ist der von Hegel gelehrte Umschlag endlicher in unendliche Bestimmungen ein Tatbestand subjektiven Bewußtseins, noch bedarf es dazu eines besonderen Akts. Gemeint ist philosophische Kritik der Philosophie, so rational wie diese selbst. Das einzige subjektive Desiderat ist, sich nicht zu verstocken, sondern Motivationen einzusehen wie bei Kant und Fichte, ohne daß im übrigen, wer dazu fähig ist, die Bewegung des Begriffs als Realität sui generis nun auch gläubig zu akzeptieren brauchte.

Diese Desiderate der Hegellektüre sind aber nur dann zu schützen vor der Divagation, wenn sie ergänzt werden durch zäheste Beharrlichkeit vorm Detail. Genetisch mag diese vorhergehen; erst dort, wo sie kategorisch mißlingt, mag die dynamisch distanzierte Verhaltensweise des Lesenden sie berichtigen. Zur Mikrologie veranlaßt gerade der unbestrittene Mangel an Unterschiedenheit der Begriffe und Überlegungen: an Plastik. Zuweilen muß es selbst dem legendären geneigten Leser aus dem früheren neunzehnten Jahrhundert wie ein Mühlrad im Kopf herumgegangen sein. Die Bezogenheit der Kategorien aufs Ganze wird von ihrer spezifischen, eingeschränkten Bedeutung an Ort und Stelle kaum je mit Nachdruck gesondert. Idee bedeutet einerseits selbst das Absolute, das Subjekt-Objekt; andererseits aber soll sie, als dessen geistige Erscheinung, doch wieder ein anderes als die objektive Totalität sein. Beides erscheint in der subjektiven Logik. Die Idee ist darin, manchmal, Subjekt-Objekt: »Die absolute Idee allein ist Seyn, unvergängliches Leben, sich wissende Wahrheit, und ist alle Wahrheit«[38]; oder: »Die Idee hat aber nicht nur den allgemeineren Sinn des wahrhaften Seyns, der Einheit von Begriff und Realität, sondern den bestimmteren von subjektivem Begriffe und der Objektivität.«[39] Dagegen unterscheidet sie Hegel anderwärts im gleichen, dritten Buch von der objektiven Totalität: »Die Idee hat sich nun gezeigt als der wieder von der Unmittelbarkeit, in die er im Objekte versenkt ist, zu seiner Subjektivität befreite Begriff, welcher sich von seiner Objektivität unterscheidet, die aber ebenso sehr von ihm bestimmt und ihre Substantialität nur in jenem Begriffe hat... Aber dieß ist bestimmter aufzufassen. Der Begriff, indem er wahrhaft seine Realität erreicht hat, ist dieß absolute Urtheil, dessen Subjekt als die sich auf sich beziehende negative Einheit sich von seiner Objektivität unterscheidet, und das An- und Fürsichseyn derselben ist, aber wesentlich sich durch sich selbst auf sie bezieht«[40], und entsprechend: »Die Bestimmtheit der Idee und der ganze Verlauf dieser Bestimmtheit nun hat den Gegenstand der logischen Wissenschaft ausgemacht, aus welchem Verlauf die absolute Idee selbst für sich hervorgegangen ist; für sich aber hat sie sich als dieß gezeigt, daß die Bestimmtheit nicht die Gestalt eines Inhalts hat, sondern schlechthin als Form, daß die Idee hiernach als die schlechthin allgemeine Idee ist.«[41] Schließlich gar benutzt er beides im gleichen Argumentationszusammenhang: »Indem die Idee sich nämlich als absolute Einheit des reinen Begriffs und seiner Realität setzt, somit in die Unmittelbarkeit des Seyns zusammennimmt, so ist sie als die Totalität in dieser Form, – Natur. – Diese Bestimmung ist aber nicht ein Gewordenseyn und Übergang, wie, nach oben, der subjektive Begriff in seiner Totalität zur Objektivität, auch der subjektive Zweck zum Leben wird. Die reine Idee, in welcher die Bestimmtheit oder Realität des Begriffes selbst zum Begriffe erhoben ist, ist vielmehr absolute Befreiung, für welche keine unmittelbare Bestimmung mehr ist, die nicht ebenso sehr gesetzt und der Begriff ist; in dieser Freiheit findet daher kein Übergang Statt, das einfache Seyn, zu dem sich die Idee bestimmt, bleibt ihr vollkommen durchsichtig, und ist der in seiner Bestimmung bei sich selbst bleibende Begriff. Das Übergehen ist also hier vielmehr so zu fassen, daß die Idee sich selbst frei entläßt, ihrer absolut sicher und in sich ruhend.«[42] Wie die faule Existenz bei Hegel eximiert ist von jenem Wirklichen, das da vernünftig sei, bleibt unvermeidlich die Idee trotz allem soweit χωρίς von der Wirklichkeit, wie diese auch faule Existenz ist. Solche Inkonzinitäten sind verstreut gerade über die Haupttexte Hegels. Aufgabe ist dann die Disjunktion des Spezifischen und des Allgemeineren, hic et nunc nicht Fälligen; beides verschränkt sich in den bei Hegel beliebten Sprachfiguren. Er wollte die Gefahr der Flucht ins Allgemeine abwehren, als er einer ästhetischen Teedame, die ihn fragte, was man denn bei dem oder jenem sich zu denken habe, antwortete: eben dieses. Aber die Frage war nicht so töricht, wie sie in der Abfertigung erscheint. Die Megäre mochte gemerkt haben, daß das Leerbewußtsein: also was ein Paragraph jeweils im Zusammenhang der Logik leistet, die Stelle der Leistung selbst usurpiert, von der allein abhängt, ob es zu jenem Zusammenhang überhaupt kommt. Was man sich dabei zu denken habe, meldet einen falschen Anspruch an, soweit es das bloße Unverständnis bekundet und das Heil von Illustrationen der Sache erhofft, die, als Illustrationen, fehlgehen; heißt jedoch ganz richtig: daß jede Einzelanalyse zu erfüllen ist, daß die Lektüre der erörterten, getroffenen, sich verwandelnden Sachverhalte habhaft werden muß, nicht bloßer Richtungskonstanten. Der häufigste Mangel der Hegelinterpretation ist, daß die Analyse nicht inhaltlich mitvollzogen wird, sondern bloß der Wortlaut paraphrasiert. Solche Exegese steht dann meist zur Sache im gleichen Verhältnis wie, nach Schelers Witz, der Wegweiser zum durchmessen Weg. Hegel selbst hat vielfach die Erfüllung selber nicht vollbracht, sondern durch umschreibende Deklarationen der Absicht ersetzt. In der Rechtsphilosophie etwa wird die spekulative Deduktion der Monarchie prätendiert, nicht geleistet, und dadurch bleibt ihr Ergebnis schutzlos gegen jeden Einwand: »Dieses letzte Selbst des Staatswillens ist in dieser seiner Abstraktion einfach und daher unmittelbare Einzelheit; in seinem Begriffe selbst liegt hiermit die Bestimmung der Natürlichkeit; der Monarch ist daher wesentlich als dieses Individuum, abstrahirt von allem anderen Inhalte, und dieses Individuum auf unmittelbare natürliche Weise, durch die natürliche Geburt, zur Würde des Monarchen bestimmt. Dieser Übergang vom Begriff der reinen Selbstbestimmung in die Unmittelbarkeit des Seyns und damit in die Natürlichkeit ist rein spekulativer Natur, seine Erkenntniß gehört daher der logischen Philosophie an. Es ist übrigens im Ganzen derselbe Übergang, welcher als die Natur des Willens überhaupt bekannt und der Proceß ist, einen Inhalt aus der Subjektivität (als vorgestellten Zweck) in das Daseyn zu übersetzen (§ 8). Aber die eigenthümliche Form der Idee und des Überganges, der hier betrachtet wird, ist das unmittelbare Umschlagen der reinen Selbstbestimmung des Willens (des einfachen Begriffes selbst) in ein Dieses und natürliches Daseyn, ohne die Vermittelung durch einen besondern Inhalt – (einen Zweck im Handeln). – ... Zusatz. Wenn man oft gegen den Monarchen behauptet, daß es durch ihn von der Zufälligkeit abhänge, wie es im Staate zugehe, da der Monarch übel gebildet seyn könne, da er vielleicht nicht werth sey, an der Spitze desselben zu stehen, und daß es widersinnig sey, daß ein solcher Zustand als ein vernünftiger existiren solle: so ist eben die Voraussetzung hier nichtig, daß es auf die Besonderheit des Charakters ankomme. Es ist bei einer vollendeten Organisation nur um die Spitze formellen Entscheidens zu thun, und man braucht zu einem Monarchen nur einen Menschen, der ›Ja‹ sagt und den Punkt auf das I setzt; denn die Spitze soll so seyn, daß die Besonderheit des Charakters nicht das Bedeutende ist. Was der Monarch noch über diese letzte Entscheidung hat, ist etwas, das der Partikularität anheimfällt, auf die es nicht ankommen darf. Es kann wohl Zustände geben, in denen diese Partikularität allein auftritt, aber alsdann ist der Staat noch kein völlig ausgebildeter, oder kein wohl konstruirter. In einer wohlgeordneten Monarchie kommt dem Gesetz allein die objektive Seite zu, welchem der Monarch nur das subjektive ›Ich will‹ hinzuzusetzen hat.«[43] Entweder drängt in dies »Ich will« sich doch all die schlechte Zufälligkeit zusammen, die Hegel bestreitet, oder der Monarch ist wirklich nur ein entbehrlicher Jasager. Solche Schwächen enthalten aber auch vielfach die entscheidende Anweisung zum Verständnis. Immanente Treue zur Intention verlangt in besseren Fällen als dem ungeschickt ideologischen der Rechtsphilosophie, daß man den Text, um ihn zu verstehen, ergänze oder überschreite. Dann hilft es nichts, über kryptische Einzelformulierungen zu brüten und sich in oftmals unschlichtbare Kontroversen über das Gemeinte einzulassen. Vielmehr ist die Absicht freizulegen; aus ihrer Kenntnis sind die Sachverhalte zu rekonstruieren, die Hegel stets fast vorschweben, auch wo seine eigene Formulierung davon abprallt. Wichtiger, als was er meinte, ist, worüber er redet; aus dem Programm ist die Sachlage und das Problem herzustellen, danach selbständig zu durchdenken. Der Vorrang der Objektivität über den gewollten Gedankenzug, des bestimmten Sachverhalts, der betrachtet werden soll, bildet noch in Hegels Philosophie eine Instanz gegen diese. Zeichnet sich innerhalb eines Paragraphen dessen Problem an sich ab als umrissen und gelöst – das Geheimnis der philosophischen Methode mag man darin vermuten, daß ein Problem verstehen und lösen eigentlich eines sei –, so wird sich auch die Intention Hegels verdeutlichen, sei es, daß nun das von ihm kryptisch Gedachte von sich aus sich entschleiert, sei es, daß seine Überlegungen sich artikulieren durch das, was sie selber versäumten.

Die Aufgabe der Versenkung ins einzelne bedarf der Besinnung über die Binnenstruktur der Hegelschen Texte. Sie ist so wenig die übliche geradlinig fortschreitender Gedankenentwicklung wie die Folge diskret gegeneinander abgesetzter, sich selbst genügender Analysen. Auch der Vergleich mit dem Gewebe, den sie zuweilen provoziert, ist ungenau: er unterschlägt das dynamische Moment. Charakteristisch jedoch dessen Fusion mit dem statischen. Hegels belastete Kapitel weigern sich der Distinktion zwischen der Analyse von Begriffen, der »Erläuterung«, und der Synthesis als dem Fortgang zu einem Neuen, das im Begriff selber nicht enthalten sei. Das stört die Orientierung darüber, wo man nun jeweils hält. »Stockend schon begann er, strebte weiter, fing noch einmal an, hielt wieder ein, sprach und sann, das treffende Wort schien für immer zu fehlen, und nun erst schlug es am sichersten ein, es schien gewöhnlich und war doch unnachahmlich passend, ungebräuchlich und dennoch das einzig rechte; das Eigentlichste schien immer erst folgen zu sollen, und doch war es schon unvermerkt so vollständig als möglich ausgesprochen. Nun hatte man die klare Bedeutung eines Satzes gefaßt, und hoffte sehnlichst weiterzuschreiten. Vergebens. Der Gedanke statt vorwärts zu rücken drehte sich mit den ähnlichen Worten stets wieder um denselben Punkt. Schweifte jedoch die erlahmte Aufmerksamkeit zerstreuend ab, und kehrte nach Minuten erst plötzlich aufgeschreckt zu dem Vortrage zurück, so fand sie zur Strafe sich aus allem Zusammenhange herausgerissen. Denn leise und bedachtsam durch scheinbar bedeutungslose Mittelglieder fortleitend hatte sich irgendein voller Gedanke zur Einseitigkeit beschränkt, zu Unterschieden auseinandergetrieben, und in Widersprüche verwickelt, deren siegreiche Lösung erst das Widerstrebendste endlich zur Wiedervereinigung zu bezwingen kräftig war. Und so das Frühere sorglich immer wieder aufnehmend, um vertiefter umgestaltet daraus das Spätere entzweiender und doch stets versöhnungsreicher zu entwickeln, schlang sich und drängte und rang der wunderbarste Gedankenstrom bald vereinzelnd, bald weit zusammenfassend, stellenweise zögernd, ruckweise fortreißend, unaufhaltsam vorwärts.«[44] Mit einiger Freiheit wäre zu behaupten, daß, im Hegelschen System selbst wie in dessen Vortrag, nicht mehr so strikt analytische und synthetische Urteile auseinandergehalten werden wie nach dem Kantischen ABC. Auch darin komponiert Hegel eine durch Subjektivität vermittelte Reprise des vor-Kantischen, zumal Leibniz'schen Rationalismus, und das modelt die Darstellung. Diese hat tendenziell die Form des analytischen Urteils, so wenig Hegel dieser logischen Form selber, der abstrakten Identität des Begriffs, hold war. Die gedankliche Bewegung, der Eintritt des Neuen, fügt nicht Kantisch dem grammatischen Subjektbegriff etwas hinzu. Das Neue ist das Alte. Durch die Explikation der Begriffe, also durch das, was nach traditioneller Logik und Erkenntnistheorie die analytischen Urteile leisten, wird im Begriff selber, ohne den Umfang des Begriffs zu verletzen, sein Anderes, Nichtidentisches als sein Sinnessimplikat evident. Der Begriff wird solange hin- und hergewendet, bis sich ergibt, daß er mehr ist, als er ist. Er geht in die Brüche, sobald er auf sich beharrt, während doch nur die Katastrophe solcher Beharrung die Bewegung stiftet, die ihn in sich zu einem anderen macht. Das Modell dieser gedanklichen Struktur ist die Behandlung des Identitätssatzes $A = A$, die schon in der Differenzschrift skizziert und dann in der Logik energisch durchgeführt ist. Zum Sinn eines rein identischen Urteils gehöre die Nichtidentität seiner Glieder; in einem Einzelurteil könne Gleichheit überhaupt nur von Ungleichem prädiziert werden, wofern nicht der immanente Anspruch der Urteilsform: daß etwas dies oder jenes sei, versäumt werden soll. Ähnlich sind zahlreiche Überlegungen Hegels organisiert, und man muß den Modus einmal sich verdeutlicht haben, um nicht stets wieder von ihm verwirrt zu werden. Seiner Mikrostruktur nach ist das Hegelsche Denken, und dessen literarische Gestalt, bereits das, was Benjamin Dialektik im Stillstand nannte, vergleichbar der Erfahrung des Auges am Wassertropfen unter dem Mikroskop, der zu wimmeln beginnt; nur daß, worauf ein hartnäckiger, bannender Blick fällt, nicht gegenständlich fest umgrenzt ist, sondern gleichsam an den Rändern ausgefranst. Eine der berühmtesten Stellen aus der Vorrede der Phänomenologie verrät etwas von jener Binnenstruktur: »Die Erscheinung ist das Entstehen und Vergehen, das selbst nicht entsteht und vergeht, sondern an sich ist, und die Wirklichkeit und Bewegung des Lebens der Wahrheit ausmacht. Das Wahre ist so der bacchantische Taumel, an dem kein Glied nicht trunken ist, und weil jedes, indem es sich absondert, eben so unmittelbar sich auflöst, – ist er eben so die durchsichtige und einfache Ruhe. In dem Gerichte jener Bewegung bestehen zwar die einzelnen Gestalten des Geistes wie die bestimmten Gedanken nicht, aber sie sind so sehr auch positive nothwendige Momente, als sie negativ und verschwindend sind. – In dem Ganzen der Bewegung, es als Ruhe aufgefaßt, ist dasjenige, was sich in ihr unterscheidet und besonderes Daseyn giebt, als ein solches, das sich erinnert, aufbewahrt, dessen Daseyn das Wissen von sich selbst ist, wie dieses eben so unmittelbar Daseyn ist.«[45] Freilich bleibt dabei, und an analogen Stellen der Logik[46], der Stillstand der Totalität vorbehalten wie in Goethes Spruch von allem Drängen als ewiger Ruh. Aber wie jeder Aspekt des Ganzen ist auch dieser bei Hegel zugleich einer von jedem Einzelnen, und seine Ubiquität mochte Hegel daran hindern, von ihm Rechenschaft zu geben. Er war zu nahe daran; es verbarg sich ihm als ein Stück unreflektierter Unmittelbarkeit.

Die Binnenstruktur hat aber weitreichende Konsequenz auch für den Zusammenhang: rückwirkende Kraft. Die verbreitete Vorstellung von der Dynamik des Hegelschen Denkens: die Bewegung des Begriffs sei nichts als der Fortschritt von einem zum anderen kraft der inneren Vermitteltheit des einen, ist zumindest einseitig. Insofern die Reflexion jeden Begriffs, regelmäßig verbunden mit der Reflexion der Reflexion, den Begriff durch den Nachweis seiner Unstimmigkeit sprengt, affiziert die Bewegung des Begriffs stets auch das Stadium, dem sie sich entringt. Der Fortgang ist permanente Kritik des Vorhergehenden, und solche Bewegung ergänzt die synthetisch fortschreitende. In der Dialektik der Identität wird also nicht nur als deren höhere Form die Identität des Nichtidentischen, das A = B, das synthetische Urteil erreicht, sondern dessen eigener Gehalt wird als notwendiges Moment bereits des analytischen Urteils A = A erkannt. Umgekehrt ist auch die einfache formale Identität des A = A in der Gleichsetzung des Nichtidentischen aufbewahrt. Manchmal springt demgemäß die Darstellung zurück. Was nach dem simplen Schema der Triplizität das Neue wäre, enthüllt sich als der umbeleuchtete, modifizierte Ausgangsbegriff der je in Rede stehenden dialektischen Einzelbewegung. Belegt sei das, als von Hegel selbst gemeint, an der »Selbstbestimmung des Wesens zum Grund« aus dem zweiten Buch der Logik: »Insofern von der Bestimmung aus, als dem Ersten, Unmittelbaren zum Grunde fortgegangen wird, (durch die Natur der Bestimmung selbst, die durch sich zu Grunde geht,) so ist der Grund zunächst ein durch jenes Erste Bestimmtes. Allein dieß Bestimmen ist eines Theils als Aufheben des Bestimmens die nur wiederhergestellte, gereinigte oder geoffenbarte Identität des Wesens, welche die Reflexions-Bestimmung an sich ist; – andern Theils ist diese negierende Bewegung als Bestimmen erst das Setzen jener Reflexions-Bestimmtheit, welche als die unmittelbare erschien, die aber nur von der sich selbst ausschließenden Reflexion des Grundes gesetzt und hierin als nur Gesetztes oder Aufgehobenes gesetzt ist. – So kommt das Wesen, indem es sich als Grund bestimmt, nur aus sich her.«[47] – In der subjektiven Logik bestimmt Hegel, generell und ein wenig formalistisch, das »dritte Glied« des dreitaktigen Schemas als das abgewandelte erste der in Rede stehenden dialektischen Einzelbewegung: »In diesem Wendepunkt der Methode kehrt der Verlauf des Erkennens zugleich in sich selbst zurück. Diese Negativität ist als der sich aufhebende Widerspruch die Herstellung der ersten Unmittelbarkeit, der einfachen Allgemeinheit; denn unmittelbar ist das Andere des Andern, das Negative des Negativen, das Positive, Identische, Allgemeine. Dieß zweite Unmittelbare ist im ganzen Verlaufe, wenn man überhaupt zählen will, das Dritte zum ersten Unmittelbaren und zum Vermittelten. Es ist aber auch das Dritte zum ersten oder formellen Negativen, und zur absoluten Negativität oder dem zweiten Negativen; insofern nun jenes erste Negative schon der zweite Terminus ist, so kann das als Dritte gezähltes auch als Viertes gezählt, und statt der Triplicität die abstrakte Form als eine Quadruplicität genommen werden; das Negative oder der Unterschied ist auf diese Weise als eine Zweiheit gezählt. – ... Näher ist nun das Dritte das Unmittelbare aber durch Aufhebung der Vermittelung, das Einfache durch Aufheben des Unterschiedes, das Positive durch Aufheben des Negativen, der Begriff, der sich durch das Andersseyn realisirt, und durch Aufheben dieser Realität ... seine einfache Beziehung auf sich hergestellt hat. Dieß Resultat ist daher die Wahrheit. Es ist ebenso sehr Unmittelbarkeit als Vermittelung; – aber diese Formen des Urtheils: das Dritte ist Unmittelbarkeit und Vermittelung, oder es ist die Einheit derselben, sind nicht vermögend, es zu fassen, weil es nicht ein ruhendes Drittes, sondern eben als diese Einheit, die sich mit sich selbst vermittelnde Bewegung und Thätigkeit ist. – ... Dieß Resultat hat nun als das in sich gegangene und mit sich identische Ganze sich die Form der Unmittelbarkeit wieder gegeben. Somit ist es nun selbst ein solches, wie das Anfangende sich bestimmt hatte.«[48] Die Musik des Beethovenschen Typus, nach deren Ideal die Reprise, also die erinnernde Wiederkehr früher exponierter Komplexe, Resultat der Durchführung, also der Dialektik sein will, bietet dazu ein Analogon, das bloße Analogie überschreitet. Auch hochorganisierte Musik muß man mehrdimensional, von vorwärts zugleich und rückwärts hören. Das erheischt ihr zeitliches Organisationsprinzip: Zeit ist nur durch Unterschiede des Bekannten und nicht schon Bekannten, des Dagewesenen und des Neuen zu artikulieren; Fortgang selber hat zur Bedingung ein rückläufiges Bewußtsein. Man muß einen ganzen Satz kennen, in jedem Augenblick des Vorhergehenden retrospektiv gewahr sein. Die einzelnen Passagen sind als dessen Konsequenzen aufzufassen, der Sinn abweichender Wiederholung ist zu realisieren, das Wiedererscheinende nicht bloß als architektonische Korrespondenz, sondern als zwangvoll Gewordenes wahrzunehmen. Vielleicht hilft zum Verständnis dieser Analogie wie zum innersten Hegels, daß die Auffassung der Totalität als der in sich durch Nichtidentität vermittelten Identität ein künstlerisches Formgesetz aufs philosophische überträgt. Die Übertragung ist selber philosophisch motiviert. Der absolute Idealismus möchte so wenig ein seinem eigenen Gesetz Fremdes und Äußerliches tolerieren wie die dynamische Teleologie der gleichzeitigen Kunst, zumal der klassizistischen Musik. Hat der reife Hegel die Schellingsche intellektuelle Anschauung als zugleich begriffslose und mechanische Schwärmerei verfemt, so ist dafür die Gestalt der Hegelschen Philosophie den Kunstwerken unvergleichlich viel näher als die Schellingsche, welche die Welt nach dem Urbild des Kunstwerks konstruieren wollte. Kunst, als von der Empirie Abgehobenes, bedarf konstitutiv eines Unauflöslichen, Nichtidentischen; sie wird Kunst nur an dem, was sie nicht selber ist. Das erbt sich fort an den von Schelling niemals liquidierten Dualismus seiner Philosophie, die ihren Begriff von Wahrheit von der Kunst empfängt. Ist aber diese nicht eine von der Philosophie gesonderte, sie urbildlich geleitende Idee; will Philosophie als solche vollbringen, was in der Kunst, als einem Schein, nicht vollbracht sei, so wird eben dadurch die philosophische Totalität ästhetisch, Schauplatz des Scheins absoluter Identität. Er ist in der Kunst unschädlicher, soweit diese sich noch als Schein setzt und nicht als verwirklichte Vernunft.

Wie in Kunstwerken Spannung waltet zwischen Expression und Konstruktion, so bei Hegel eine zwischen dem Ausdruckselement und dem argumentativen. Gemäßigter freilich kennt es jede Philosophie, die nicht in der unreflektierten Nachahmung des Wissenschaftsideals sich befriedigt. Das Ausdruckselement repräsentiert bei Hegel Erfahrung; das was eigentlich ans Licht möchte, aber anders als durchs begriffliche Medium, primär seinen Gegensatz, nicht hervortreten kann, wofern es Necessität erlangen soll. Solches Ausdrucksbedürfnis ist keineswegs, und am letzten bei Hegel, eines der subjektiven Weltanschauung. Vielmehr ist es selber bereits objektiv determiniert. Es gilt, in jeder nachdrücklichen Philosophie, der geschichtlich erscheinenden Wahrheit. Im Nachleben der philosophischen Werke, der Entfaltung ihres Gehalts, befreit sich stufenweise, was sie ausdrücken, von dem, was sie bloß dachten. Aber gerade die Objektivität des Erfahrungsgehalts, welche, als bewußtlose Historiographie des Geistes, das subjektiv Gemeinte überwächst, regt sich in der Philosophie zunächst, als wäre sie deren subjektives Moment. Darum kräftigt sie sich an eben jener denkenden Aktivität, die am Ende im offenbaren Erfahrungsgehalt erlischt. Sogenannte philosophische Grund- oder gar Urerfahrungen, die unmittelbar als solche sich aussprechen wollten, ohne zur Überlegung sich zu entäußern, blieben ohnmächtige Innervationen. Subjektive Erfahrung ist nur die Hülle der philosophischen, die unter ihr gedeiht und die jene dann abwirft. Die gesamte Hegelsche Philosophie ist eine einzige Anstrengung, geistige Erfahrung in Begriffe zu übersetzen. Die Steigerung der Denkapparatur, die man so gern als Zwangsmechanismus rügt, entspricht proportional der Gewalt der Erfahrung, die bewältigt werden muß. Noch in der Phänomenologie mochte Hegel glauben, sie lasse einfach sich beschreiben. Aber geistige Erfahrung kann gar nicht anders ausgedrückt werden, als indem sie in ihrer Vermittlung sich reflektiert: aktiv gedacht wird. Indifferenz zwischen der ausgedrückten geistigen Erfahrung und dem gedanklichen Medium ist nicht zu gewinnen. Das Unwahre der Hegelschen Philosophie manifestiert sich gerade darin, daß sie eine solche Indifferenz vorstellt als realisierbar vermöge zureichender begrifflicher Anstrengung. Daher die ungezählten Brüche zwischen dem Erfahrenen und dem Begriff. Hegel ist gegen den Strich zu lesen, auch derart, daß jede logische Operation, und gäbe sie sich noch so formal, auf ihren Erfahrungskern gebracht wird. Das Äquivalent solcher Erfahrung beim Leser ist die Imagination. Wollte er bloß konstatieren, was eine Stelle heißen soll, oder gar der Schimäre nachjagen, zu erraten, was der Autor habe sagen wollen, so verflüchtigte ihm sich der Gehalt, dessen philosophischer Gewißheit er nachhängt. Keiner kann aus Hegel mehr herauslesen, als er hineinlegt. Der Prozeß des Verständnisses ist die fortschreitende Selbstkorrektur solcher Projektion durch den Vergleich mit dem, was geschrieben steht. Die Sache selbst enthält, als Formgesetz, die Erwartung produktiver Phantasie beim Lesenden. Was an Erfahrung registriert sein mag, muß er aus der eigenen ausdenken. Gerade in den Brüchen zwischen Erfahrung und Begriff muß Verständnis einhaken. Wo die Begriffe zur Apparatur sich verselbständigen – und nur enthusiastische Torheit könnte Hegel davon freisprechen, daß er zuweilen den eigenen Kanon mißachtet –, sind sie in die motivierende geistige Erfahrung zurückzuholen, so lebendig zu machen, wie sie es sein möchten und zwangsläufig nicht sein können. – Andererseits affiziert bei Hegel der Primat der geistigen Erfahrung auch die begriffliche Gestalt. Er, den man des Panlogismus bezichtigt, antezipiert eine Tendenz, die erst hundert Jahre nach ihm, in der Phänomenologie Husserls und seiner Schule, methodisch sich einbekannte. Sein Denkverfahren ist paradox. Zwar hält es sich extrem im Medium des Begriffs – nach der Hierarchie der Umfangslogik: auf dem höchsten Abstraktionsniveau –, argumentiert aber nicht eigentlich, so als wollte er dadurch die objektive Zutat des Gedankens gegenüber jener Erfahrung einsparen, die andererseits doch geistige und selbst Gedanke ist. Das Programm des reinen Zusehens aus der Einleitung zur Phänomenologie hat in den Hauptwerken mehr Gewicht, als das arglose philosophische Bewußtsein ihm zutraut. Weil, seiner Konzeption zufolge, alle Phänomene – und im Sinn der Logik sind auch deren Kategorien Phänomene, ein Erscheinendes, Gegebenes und insofern derart Vermitteltes, wie es bereits an einer Stelle der Kantischen Deduktion aufblitzt[*] – in sich geistig vermittelt sind, bedürfe es nicht des Denkens, sie zu fassen, sondern eher jenes Verhaltens, für das die hundert Jahre spätere Phänomenologie den Terminus spontane Rezeptivität erfand. Das denkende Subjekt soll vom Denken entbunden werden, weil es sich selbst in dem gedachten Objekt wiederfindet; es sei nur aus diesem herauszuwickeln und habe sich darin zu identifizieren. Was immer auch an dieser Anschauung zur Kritik steht, sein eigenes Verfahren jedenfalls ist danach eingerichtet. Verstehen läßt er

---

[*] »Sie sind nur Regeln für einen Verstand, dessen ganzes Vermögen im Denken besteht, d. i. in der Handlung, die Synthesis des Mannigfaltigen, welches ihm anderweitig in der Anschauung gegeben worden, zur Einheit der Apperzeption zu bringen, der also für sich gar nichts erkennt, sondern nur den Stoff zum Erkenntnis, die Anschauung, die ihm durchs Objekt gegeben werden muß, verbindet oder ordnet. Von der Eigentümlichkeit unseres Verstandes aber, nur vermittelst der Kategorien und nur gerade durch diese Art und Zahl derselben Einheit der Apperzeption a priori zustande zu bringen, läßt sich ebensowenig ferner ein Grund angeben, als warum wir gerade diese und keine anderen Funktionen zu urteilen haben, oder warum Zeit und Raum die einzigen Formen unserer möglichen Anschauung sind.« (Kant, Kritik der reinen Vernunft, hg. von Raymund Schmidt, 2. Aufl., Leipzig 1944, S. 158 f. [B 145 f.].)

darum sich nur, wenn man die Einzelanalysen nicht als Argumentationen, sondern als Deskriptionen von »Sinnesimplikaten« liest. Nur werden diese nicht, wie in der Husserlschule, als fixierte Bedeutungen, ideale Einheiten, Invarianten vorgestellt, sondern als in sich bewegt. Hegel mißtraut dem Argument tief und mit Recht. Primär weiß der Dialektiker, was später Simmel wiederentdeckte: daß, was argumentativ bleibt, dadurch stets der Widerlegung sich exponiert. Darum enttäuscht Hegel notwendig die Suche nach dem Argument. Schon die Frage nach dem Warum, die der ungewaffnete Leser häufig an Hegelsche Übergänge und Folgerungen zu richten sich bemüßigt fühlt, wo andere Möglichkeiten als die von ihm ventilierten offen dünken, ist ungemäß. Die Richtungskonstanten sind von der Gesamtintention vorgezeichnet; was aber vom Phänomen gesagt wird, ist ihm entnommen, oder soll es wenigstens sein. Kategorien wie die des Begründungszusammenhangs fallen selber in die Hegelsche Dialektik des Wesens und sind nicht zu supponieren. Ist die Aufgabe, vor welche Hegel stellt, nicht die von intellektuellen Gewaltmärschen, so wäre sie fast deren Gegenteil zu nennen. Das Ideal ist nichtargumentatives Denken. Seine Philosophie, die als eine der zum höchsten gespannten Identität äußerste Anspannung des Gedankens fordert, ist dialektisch auch insofern, als sie im Medium des entspannten Gedankens sich bewegt. Ihr Vollzug hängt davon ab, ob die Entspannung gelingt. Darin unterscheidet er sich ungemein von Kant und Fichte. Allerdings auch vom Intuitionismus, den er in Schelling attackierte. Wie alle starren Dichotomien, hat er auch die von These und Argument gebrochen. Nicht ist ihm das Argument, wie vielfach in Philosophie, ein Subsidiäres, das entbehrlich würde, sobald die These eingesickert ist. Thesen gibt es so wenig wie Argumente; Hegel hat sie als »Spruch« verspottet. Virtuell ist immer eines auch das andere: das Argument die Prädikation dessen, was eine Sache sei, also These; die These urteilende Synthesis, also Argument.

Entspannung des Bewußtseins als Verhaltensweise heißt, Assoziationen nicht abwehren, sondern das Verständnis ihnen öffnen. Hegel kann nur assoziativ gelesen werden. Zu versuchen ist, an jeder Stelle so viele Möglichkeiten des Gemeinten, so viele Beziehungen zu anderem einzulassen, wie irgend sich aufdrängen. Die

Leistung der produktiven Phantasie besteht nicht zum letzten darin. Zumindest ein Teil der Energie, ohne die so wenig gelesen werden kann wie ohne Entspannung, wird dazu gebraucht, jene automatisierte Disziplin abzuschütteln, welche die reine Konzentration auf den Gegenstand verlangt und welche dadurch ihn leicht verfehlt. Assoziatives Denken hat bei Hegel sein fundamentum in re. Seine Konzeption von der Wahrheit als einem Werdenden ebenso wie die Absorption der Empirie im Leben des Begriffs hat die Trennung der philosophischen Sparten des Systematischen und Historischen, trotz den entgegenlautenden Deklarationen der Rechtsphilosophie, überschritten. Das Substrat seiner Philosophie, der Geist, soll, wie man weiß, nicht abgespaltener subjektiver Gedanke sein sondern real, und damit seine Bewegung die reale Geschichte. Gleichwohl pressen selbst die späteren Kapitel der Phänomenologie, mit unvergleichlichem Takt, die Wissenschaft von der Erfahrung des Bewußtseins und die von der menschlichen Geschichte nicht brutal ineinander. Die beiden Sphären schweben in ihrer Berührung. In der Logik wird, ihrer Thematik gemäß, wohl auch unterm Druck der Versteifung des späteren Hegel, die auswendige Geschichte von der inneren Historizität der Kategorienlehre verschluckt. Aber diese vergißt zumindest kaum je die Geistesgeschichte im eingeschränkteren Sinn. Wo die Logik an anderen Ansichten über die gleiche Sache sich abgrenzt, bezieht sie durchweg sich auf philosophiehistorisch überlieferte Thesen. Im allgemeinen ist es bei dunklen Absätzen ratsam, derlei Bezüge zu extrapolieren. Heranzuziehen sind frühere Hegelsche Texte, wie die Differenzschrift oder die Jenenser Logik. Vielfach formulieren sie programmatisch, was die Logik einlösen möchte, und gestatten sich noch die philosophiehistorischen Hinweise, die später, dem Ideal der Bewegung des Begriffs zuliebe, verschwiegen werden. Ein Schatten von Mehrdeutigkeit fällt freilich auch über diese Hegelsche Schicht. Wie die systematischen Erwägungen Impulse von den historischen empfangen, so sind diese durch systematische abgelenkt. Selten gehen sie auf in dem Philosophem, auf das sie anspielen. Sie richten sich mehr nach dem objektiven Interesse als dem an der sogenannten Auseinandersetzung mit Büchern. Schon in der Differenzschrift wird man zuweilen zweifeln, was gegen Reinhold geht, was gegen Fichte und was bereits gegen Schelling, dessen Standpunkt offiziell noch verteidigt, gedanklich aber überschritten ist. Solche Fragen wären von der Hegelphilologie entscheidbar, wenn es eine gäbe. Einstweilen sollte die philosophiehistorische Deutung der gleichen Liberalität sich befleißigen wie die systematische.

Historische Assoziationen sind im übrigen keineswegs die einzigen, die an Hegel sich heften. Wenigstens eine andere Dimension sei angedeutet. Seine Dynamik ist selber wiederum eine zwischen dynamischen und festen Elementen. Das trennt ihn unversöhnlich von jenem lebensphilosophischen Fließen, zu welchem etwa die Diltheysche Methode ihn aufweicht. Den Folgen für die Struktur wäre nachzugehen. Inmitten des sich bewegenden Begriffs behauptet sich viel mehr Invarianz, als erwartet, wer den Begriff der Dialektik selber zu undialektisch sich vorstellt. Die Konzeption der Identität im Ganzen, des Subjekt-Objekts, bedarf ebensosehr einer Kategorienlehre, wie diese im einzelnen negiert wird. Trotz allem Reichtum dessen, was Marx, mit einer musikalischen Metapher, die groteske Felsenmelodie[49] nannte, ist die Zahl der Hegelschen Motive endlich. Die wie immer auch paradoxale Aufgabe, einen Katalog der Hegelschen Invarianten anzulegen und deren Verhältnis zum Bewegten herauszuarbeiten, ist dringlich. Sie diente der Sache nicht weniger denn als pädagogische Stütze, freilich nur im ungeschmälerten Bewußtsein jener Einseitigkeit, die Hegel zufolge selber das Unwahre ist. Die Lektüre muß aus der Not der störend klappernden Geräusche, die Richard Wagner analog am musikalischen Klassizismus beklagte, eine Tugend der Zueignung machen. Bei den schwierigsten Stellen ist es gut, wenn man, aus der Kenntnis der von Hegel keineswegs freigelegten, vielleicht gegen seinen Willen ins Werk eingesenkten Invarianten, assoziiert, woran jeweils die Einzelerwägung sich anlehnt. Der Vergleich des allgemeinen Motivs mit dem besonderen Wortlaut liefert vielfach den Sinn. Die unorthodoxe Übersicht über das Ganze, ohne die es dabei nicht abgeht, erteilt Hegel die Quittung dafür, daß er selber nicht orthodox verfahren konnte. Während er, wie der freie Gedanke insgesamt, ohne ein Spielerisches nicht zu denken ist, dem die Assoziationen sich verdanken, sind diese doch bloß Teilmoment. Ihr Gegenpol ist der Wortlaut. Die zweite Stufe der Zueignung wäre, wenn man sie an jenem ausprobiert; die ausscheidet, die ihm widerstreiten; übrig läßt, was zu ihm stimmt und das Detail aufleuchten macht. Kriterium der Assoziationen ist, neben solcher Fruchtbarkeit, daß sie vereinbar sind nicht bloß mit dem, was dasteht, sondern vor allem auch mit dem Zusammenhang. Hegel lesen wäre demnach ein experimentierendes Verfahren: mögliche Deutungen sich einfallen lassen, vorschlagen, dem Text und dem bereits zuverlässig Interpretierten kontrastieren. Der Gedanke, der notwendig vom Gesagten sich entfernt, muß in es wiederum sich zusammenziehen. Ein zeitgenössischer Denker, der trotz seinem Positivismus Hegel näher ist als ihrer beider angebliche Standpunkte, John Dewey, nannte seine Philosophie Experimentalismus. Etwas von seiner Haltung ziemt dem Leser Hegels. Solcher Empirismus zweiten Grades brächte auf der gegenwärtigen Stufe von Hegels geschichtlicher Entfaltung jenes latent positivistische Moment zutage, das seine Philosophie selbst, trotz allen Invektiven gegen das befangene Reflexionsdenken, birgt in der hartnäckigen Insistenz auf dem, was ist. Der den Geist im Inbegriff dessen aufzusuchen sich vermißt, was der Fall sei, beugt damit diesem sich tiefer, als er beteuert. Sein Ideal der Nachkonstruktion ist vom szientifischen nicht absolut verschieden: unter den Widersprüchen der Hegelschen Dialektik, die sie selber nicht schlichtet, vielleicht der folgenreichste. Er fordert die experimentelle Methode heraus, die sonst nur von puren Nominalisten empfohlen ward. Experimentierend ihn lesen heißt, ihn am eigenen Maß messen.

Das sagt aber nicht weniger, als daß keine Lektüre Hegels, die ihm Gerechtigkeit widerfahren läßt, möglich ist ohne Kritik an ihm. Falsch ist allgemein die von pädagogischen Convenus und dem autoritären Vorurteil abgeleitete Vorstellung, Kritik baue als zweite Schicht auf dem Verständnis sich auf. Philosophie selbst vollzieht sich in der permanenten Disjunktion von Wahrem und Falschem. Verständnis ist deren Mitvollzug, und damit immer auch virtuell Kritik an dem zu Verstehenden, sobald dessen Vollzug ein anderes Urteil erzwingt als das, welches verstanden werden soll. Der war nie der schlechteste Leser, welcher das Buch mit despektierlichen Randglossen versah. Die pädagogische

Gefahr, daß Studenten darüber ins Schwätzen und Räsonieren geraten, narzißtisch-bequem über die Sache sich stellen, braucht nicht geleugnet zu werden, hat jedoch mit dem erkenntnistheoretischen Sachverhalt nichts zu tun. Am Lehrer ist es, das Ineinander von Verständnis und Kritik davor zu beschützen, ins prätentiös Hohle auszuarten. Dies Ineinander nun ist Hegel gegenüber in besonderem Maß zu verlangen. Anweisungen, wie er zu lesen sei, sind notwendig immanent. Sie wollen dazu beitragen, den objektiven Gehalt seiner Texte herauszuholen, anstatt daß von außen her über seine Philosophie philosophiert würde. Nicht anders kommt es zum Kontakt mit der Sache. Den Einwand, es sei standpunktslos, molluskenhaft, relativistisch, braucht das immanente Verfahren nicht zu scheuen. Gedanken, die der eigenen Objektivität vertrauen, müssen dem Gegenstand, in den sie sich versenken, und wäre er wiederum Gedanke, va banque, ohne Mentalreservat sich überantworten; das ist die Risikoprämie dafür, daß sie nicht System sind. Transzendente Kritik weicht vorweg der Erfahrung dessen aus, was anders ist als ihr eigenes Bewußtsein. Sie, nicht die immanente, machte sich auf jenem Standpunkt fest, gegen dessen Starrheit und Willkür Philosophie gleichermaßen sich kehrt. Sie sympathisiert schon der bloßen Form nach mit Autorität, ehe nur ein Inhalt ausgesprochen wird: die Form selbst hat ihr inhaltliches Moment. Die Wendung »ich als...«, an die man jede Richtung vom Diamat bis zum Protestantismus anhängen mag, ist dafür symptomatisch. Wer Exponiertes – Kunst oder Philosophie – nach den Voraussetzungen beurteilt, die darin außer Kurs gesetzt sind, verhält sich reaktionär, auch wenn er auf progressive Parolen schwört. Dagegen ist der Anspruch der Hegelschen immanenten Bewegung, daß sie die Wahrheit sei, keine Position. Insofern will sie hinausführen über ihre pure Immanenz, obwohl diese auch ihrerseits in der Beschränkung eines Standpunkts anheben muß. Wer darum Hegel sich anvertraut, wird geleitet zu der Schwelle, an der über seinen Wahrheitsanspruch zu entscheiden ist. Er wird zu Hegels Kritiker, indem er ihm folgt. Unterm Aspekt des Verstehens ist das Unverständliche an Hegel Wundmal des Identitätsdenkens selbst. Seine dialektische Philosophie gerät in eine Dialektik, von der sie keine Rechenschaft ablegen kann, deren Lösung ihre Allmacht übersteigt. Ihr Versprechen aufzugeben ist falsch. Die Wahrheit des unauflöslich Nichtidentischen erscheint im System, nach dessen eigenem Gesetz, als Fehler, als ungelöst im anderen Sinn, dem des Unbewältigten; als seine Unwahrheit; und nichts Unwahres läßt sich verstehen. So sprengt das Unverständliche das System. Bei allem Nachdruck auf Negativität, Entzweiung, Nichtidentität kennt Hegel deren Dimension eigentlich nur um der Identität willen, nur als deren Instrument. Die Nichtidentitäten werden schwer betont, aber gerade wegen ihrer extremen spekulativen Belastung nicht anerkannt. Wie in einem gigantischen Kreditsystem sei jedes Einzelne ans andere verschuldet – nichtidentisch –, das Ganze jedoch schuldenfrei, identisch. Darin begeht die idealistische Dialektik ihren Trugschluß. Sie sagt mit Pathos: Nichtidentität. Diese soll um ihrer selbst willen, als Heterogenes bestimmt werden. Indem die Dialektik sie jedoch bestimmt, wähnt sie schon, über die Nichtidentität hinaus und der absoluten Identität sicher zu sein. Wohl wird das Nichtidentische, Unerkannte durch Erkennen auch identisch, das Nichtbegriffliche durch Begreifen zum Begriff des Nichtidentischen. Kraft solcher Reflexion indessen ist das Nichtidentische selber doch nicht nur Begriff geworden, sondern bleibt dessen von ihm unterschiedener Gehalt. Aus der logischen Bewegung der Begriffe ist nicht in die Existenz überzugehen. Hegel zufolge bedarf es konstitutiv des Nichtidentischen, damit Begriffe, Identität zustande kommen; so wie es umgekehrt des Begriffs bedarf, um eines Nichtbegrifflichen, Nichtidentischen sich bewußt zu werden. Nur verletzt er seinen eigenen Begriff von Dialektik, der gegen ihn zu verteidigen wäre, indem er ihn nicht verletzt, ihn zur obersten widerspruchsfreien Einheit zusammenschließt. Summum ius summa iniuria. Durch ihre Aufhebung wird die Wechselseitigkeit in Einseitigkeit zurückgebildet. Aus der Wechselseitigkeit ist auch nicht ins Nichtidentische zu springen; sonst vergäße Dialektik ihre Einsicht in die universale Vermittlung. Aber das Moment des Nichtaufgehenden, das in ihr mitgesetzt ist, vermag sie nicht ohne Münchhausenkunststück wegzuschaffen. Was ihr Ärgernis bereitet, ist der Wahrheitsgehalt, der ihr erst abzugewinnen wäre. Stimmig würde sie einzig in der Preisgabe von Stimmigkeit aus der eigenen Konsequenz. Um nichts Geringeres ist Hegel zu verstehen.

Nachweise

Hegels Schriften werden nach der Jubiläumsausgabe, neu herausgegeben von Hermann Glockner, Stuttgart, seit 1927, zitiert. Dabei gelten die Abkürzungen:

WW 1: Aufsätze aus dem kritischen Journal der Philosophie (und andere Schriften aus der Jenenser Zeit)
WW 2: Phänomenologie des Geistes
WW 3: Philosophische Propädeutik
WW 4: Wissenschaft der Logik, 1. Teil
WW 5: Wissenschaft der Logik, 2. Teil
WW 7: Grundlinien der Philosophie des Rechts
WW 8: System der Philosophie, I. Teil
WW 9: System der Philosophie, II. Teil
WW 10: System der Philosophie, III. Teil
WW 11: Vorlesungen über die Philosophie der Geschichte
WW 12: Vorlesungen über die Aesthetik, 1. Bd.
WW 15: Vorlesungen über die Philosophie der Religion, 1. Bd.
WW 16: Vorlesungen über die Philosophie der Religion, 2. Bd.
WW 17: Vorlesungen über die Geschichte der Philosophie, 1. Bd.
WW 18: Vorlesungen über die Geschichte der Philosophie, 2. Bd.
WW 19: Vorlesungen über die Geschichte der Philosophie, 3. Bd.

Aspekte

1 Hegel, WW 19, S. 611.
2 a. a. O., S. 613.
3 a. a. O., S. 615.
4 Richard Kroner, Von Kant bis Hegel, Tübingen 1924, II, S. 279.
5 Vgl. etwa J. G. Fichte, Erste Einleitung in die Wissenschaftslehre, WW (Neudruck der von J. H. Fichte herausgegebenen Gesamtausgabe) I, S. 425 f., und Zweite Einleitung in die Wissenschaftslehre, a. a. O., S. 477 f.
6 Arthur Schopenhauer, Preisschrift über die Grundlage der Moral. Sämtliche Werke, hg. von Paul Deussen, München 1912, III, S. 601.
7 Hegel, WW 10, S. 305.
8 Karl Marx, Die Frühschriften, hg. von Siegfried Landshut, Stuttgart 1953, S. 269.

9 Vgl. Hegel, WW 4, S. 588 ff.
10 Vgl. dazu Text, Schluß von »Skoteinos«.
11 Hegel, WW 2, S. 30.
12 a. a. O., S. 171.
13 Karl Marx, Kritik des Gothaer Programms, in: Karl Marx und Friedrich Engels, Ausgewählte Schriften, Stuttgart 1953, II, S. 11.
14 Vgl. Kroner, a. a. O., II, S. 404 f.
15 Hegel, WW 2, S. 531.
16 Vgl. Max Horkheimer und Theodor W. Adorno, Dialektik der Aufklärung, Amsterdam 1947, S. 38.
17 Hegel, WW 7, S. 319 f.
18 a. a. O., S. 322 f.
19 a. a. O., S. 396.
20 WW 2, S. 23.
21 WW 4, S. 87.
22 a. a. O., S. 87 f.
23 WW 8, S. 204.
24 WW 4, S. 110.
25 a. a. O., S. 107.
26 WW 8, S. 91.
27 a. a. O., S. 35.
28 WW 2, S. 25.
29 a. a. O., S. 46.
30 a. a. O., S. 22.
31 WW 10, S. 17.
32 WW 8, S. 372.
33 WW 4, S. 46.
34 WW 2, S. 38 f.
35 WW 7, S. 387 f.
36 Vgl. Kroner, a. a. O., II, S. 386.
37 Hegel, WW 2, S. 479.
38 Kuno Fischer, Hegels Leben, Werke und Lehre, Heidelberg 1901, 1. Teil, S. 87.

Erfahrungsgehalt

1 Martin Heidegger, Holzwege, Frankfurt am Main 1950, S. 166.
2 a. a. O., S. 170.
3 Hegel, WW 2, S. 613.
4 a. a. O., S. 78.
5 Vgl. Text S. 16
6 Hegel, WW 9, S. 58.
7 WW 15, S. 174.
8 WW 19, S. 283.

9 WW 8, S. 50.
10 a. a. O., S. 172.
11 a. a. O., S. 181.
12 Vgl. etwa WW 8, § 213, S. 423 f.
13 WW 1, S. 54 f.
14 WW 12, S. 207.
15 WW 17, S. 69.
16 WW 8, S. 57.
17 Vgl. WW 19, S. 606.
18 WW 3, S. 125.
19 WW 18, S. 341.
20 WW 8, S. 47.
21 Immanuel Kant, Kritik der reinen Vernunft. Vorrede zur zweiten Auflage, zitiert nach der Insel-Ausgabe 1922, S. 24.
22 Hegel, WW 8, S. 36.
23 Vgl. WW 2, S. 46 ff.
24 Friedrich Nietzsche, Aus der Zeit der Morgenröthe und der fröhlichen Wissenschaft 1880–1882, Gesammelte Werke, Musarionsausgabe, Elfter Band, München 1924, S. 22.
25 Hegel, WW 8, S. 220.
26 a. a. O., S. 173.
27 WW 16, S. 309.
28 WW 8, S. 423.
29 WW 1, S. 527.
30 Vgl. WW 11, S. 49.
31 Vgl. Georg Lukács, Wider den mißverstandenen Realismus, Hamburg 1958; und dazu Theodor W. Adorno, Erpreßte Versöhnung, in: Noten zur Literatur II, Frankfurt 1961, S. 152 ff.
32 Theodor W. Adorno, Aus einem Brief über die »Betrogene« an Thomas Mann, in: Akzente, Jahrgang 1955, Heft 3, S. 286 f.

Skoteinos

1 Hegel, WW 4, S. 493.
2 WW 1, S. 60.
3 Vgl. Text, S. 51 f.
4 Hegel, WW 8, § 212, Zusatz, S. 422.
5 Vgl. J. M. E. McTaggart, A Commentary on Hegel's Logic, Cambridge 1931.
6 Hegel, WW 7, § 157, S. 236 f.
7 Vgl. WW 1, S. 56 f.
8 WW 4, S. 488.
9 Descartes, Die Prinzipien der Philosophie, übers. und erläutert von Artur Buchenau, Hamburg 1955, I. Teil, S. 15.

10 Descartes, Œuvres, Principia Philosophiae, Bd. III, Paris 1905, pars prima, S. 21 f.
11 Kant, Kritik der reinen Vernunft, hg. von Raymund Schmidt, 2. Aufl., Leipzig 1944, S. 398 f. (B 414 f.).
12 Descartes, Discours de la méthode, übers. v. Lüder Gäbe, Meiner, Hamburg 1960, 4. Teil, S. 55.
13 Ludwig Wittgenstein, Tractatus logico-philosophicus, 7, in: Schriften, Frankfurt 1960, S. 83.
14 Hegel, WW 17, S. 348.
15 Vgl. Edmund Husserl, Ideen zu einer reinen Phänomenologie und phänomenologischen Philosophie, Halle 1922, S. 136.
16 a. a. O., S. 133.
17 a. a. O., S. 137.
18 a. a. O.
19 a. a. O., S. 138.
20 H. G. Hotho, Vorstudien für Leben und Kunst, Stuttgart und Tübingen 1835, S. 386.
21 Vgl. Friedrich Überweg, Grundriß der Geschichte der Philosophie, IV, neu bearbeitet von T. K. Oesterreich, Berlin 1923, S. 87.
22 Hegel, WW 5, S. 5.
23 a. a. O., S. 13 f.
24 WW 4, S. 536.
25 a. a. O., S. 658 f.
26 WW 2, S. 619.
27 WW 10, § 411, Anmerkung, S. 246.
28 WW 3, S. 211.
29 WW 5, S. 203.
30 WW 2, S. 390.
31 a. a. O., S. 405.
32 Hotho, Vorstudien für Leben und Kunst, a. a. O., S. 384 f.
33 Hegel, WW 4, S. 87.
34 a. a. O., S. 665.
35 Vgl. Max Horkheimer und Theodor W. Adorno, Dialektik der Aufklärung, a. a. O., S. 38 ff.
36 Hegel, WW 7, § 3, Anmerkung, S. 43 f.
37 Gustav Rümelin, Reden und Aufsätze, Tübingen 1875, S. 48 f., zitiert in: Friedrich Überweg, Grundriß der Geschichte der Philosophie, a. a. O., S. 77.
38 Hegel, WW 5, S. 328.
39 a. a. O., S. 240.
40 a. a. O., S. 240 f.
41 a. a. O., S. 329.
42 a. a. O., S. 352 f.
43 WW 7, § 280, S. 387 ff.
44 Hotho, Vorstudien für Leben und Kunst, a. a. O., S. 386 f.
45 Hegel, WW 2, S. 44 f.

46 Vgl. WW 4, S. 665 f., und WW 5, S. 212.
47 WW 4, S 552.
48 WW 5, S. 343 ff.
49 Vgl. Marx, Die Frühschriften, hg. von Siegfried Landshut, Stuttgart 1953, S. 7.

Theodor W. Adorno im Suhrkamp Verlag

Gesammelte Schriften
1–20 Herausgegeben von Gretel Adorno und Rolf Tiedemann.

Band 1: Philosophische Frühschriften
Band 2: Kierkegaard
Band 3: Dialektik der Aufklärung
Band 4: Minima Moralia
Band 5: Zur Metakritik der Erkenntnistheorie; Drei Studien zu Hegel
Band 6: Negative Dialektik; Jargon der Eigentlichkeit
Band 7: Ästhetische Theorie
Band 8: Soziologische Schriften I
Band 9: Soziologische Schriften II
Band 10: Prismen; Ohne Leitbild; Kritische Modelle: Eingriffe, Stichworte
Band 11: Noten zur Literatur
Band 12: Philosophie der neuen Musik
Band 13: Die musikalischen Monographien: Versuch über Wagner; Mahler; Berg
Band 14: Dissonanzen; Einleitung in die Musiksoziologie
Band 15: Komposition für den Film; Der getreue Korrepetitor
Band 16: Klangfiguren; Quasi una fantasia; Moments Musicaux; Impromptus
Band 17: Aufsätze zur Musik I
Band 18: Aufsätze zur Musik II (in Vorbereitung)
Band 19: Aufsätze zur Musik III (in Vorbereitung)
Band 20: Miszellen (in Vorbereitung)

Supplementbände
Band 21: Fragmente I: Beethoven (in Vorbereitung)
Band 22: Fragmente II: Theorie der musikalischen Reproduktion (in Vorbereitung)

Einzelausgaben
Minima Moralia. 1951
Aspekte der Hegelschen Philosophie. 1957
Klangfiguren. Musikalische Schriften I. 1959
Kierkegaard. Konstruktion des Ästhetischen. 1962
Einleitung in die Musiksoziologie. Zwölf theoretische Vorlesungen. 1962
Quasi una fantasia. Musikalische Schriften II. 1963
Negative Dialektik. 1966
Prismen. Kulturkritik und Gesellschaft. 1969

Aufsätze zur Gesellschaftstheorie und Methodologie. 1970
Erziehung zur Mündigkeit. 1970
Theodor W. Adorno zum Gedächtnis. 1971
Theodor W. Adorno und Ernst Krenek. Briefwechsel. 1974

edition suhrkamp
Eingriffe. Neun kritische Modelle. 1963. es 10
Drei Studien zu Hegel. 1963. es 38
Moments Musicaux. 1964. es 54
Jargon der Eigentlichkeit. Zur deutschen Ideologie. 1964. es 91
Ohne Leitbild. Parva aesthetica. 1967. es 201
Impromptus. Zweite Folge neu gedruckter musikalischer Aufsätze. 1968. es 267
Stichworte. Kritische Modelle 2. 1969. es 347
Kritik. Kleine Schriften zur Gesellschaft. 1971. es 469
Zur Metakritik der Erkenntnistheorie. 1972. es 590
Über Th. W. Adorno. Mit Beiträgen von Kurt Oppens, Hans Kudszus, Jürgen Habermas, Bernd Willms, Hermann Schweppenhäuser und Ulrich Sonnemann. 1968. es 249
Gesellschaftstheorie und Kulturkritik. 1975. es 772

Bibliothek Suhrkamp
Mahler. Eine musikalische Physiognomik. 1960. BS 61
Noten zur Literatur I. 1958. BS 47
Noten zur Literatur II. 1961. BS 71
Noten zur Literatur III. 1965. BS 146
Noten zur Literatur IV. 1974. BS 395
Minima Moralia. 1969. BS 236
Über Walter Benjamin. Herausgegeben von Rolf Tiedemann. 1970. BS 260

suhrkamp taschenbücher
Erziehung zur Mündigkeit. 1971. st 11
Versuch das »Endspiel« zu verstehen. Aufsätze zur Literatur des 20. Jahrhunderts I. 1973. st 72
Studien zum autoritären Charakter. 1973. st 107
Zur Dialektik des Engagements. 1973. st 134
Versuch über Wagner. 1974. st 177

suhrkamp taschenbücher wissenschaft
Ästhetische Theorie. 1973. stw 2
Philosophische Terminologie I. 1973. stw 23
Philosophische Terminologie II. 1974. stw 50
Kierkegaard. 1974. stw 74
Negative Dialektik. 1975. stw 113
Einleitung in die Musiksoziologie. 1975. stw 142